머리말

한자를 읽고 쓰는 능력을 습득하는 것은 한자라고 하는 문자에 친숙하지 않은 학습자에게 있어서 학습상 큰 장해가 되고 있습니다. 그러한 학습자에게 일본어의 표기 시스템은 매우 기묘한 것이며, 한자라고 하는 문자는 적당한 직선과 곡선 그리고 점으로 완성된 무질서한 도형처럼 보입니다. 그래서 학습자가 이러한 한자나 일본어의 표기 시스템을 보고 일본어 공부를 주저하는 것은 당연하다고 말할 수 있습니다. 또, 일부 학습자가 한자 학습을 포기하고, 일본어 회화만을 공부하려고 하는 것도 어느 정도 이해할 수 있습니다. 그러나, 적절한 방법으로 공부하면 언뜻 보고 생각하는 만큼 대단한 것이 아닙니다. 또, 자신의 언어와는 전혀 다른 일본어 표기 시스템을 알기 시작하면 반드시 언어의 신기함이나 재미를 느낄 것입니다. 옛날 로마인은 「학문에는 왕도가 없다」고 했습니다. 그러나, 학문에는 「적절한 길」은 있습니다. 이 한자책은 여러분을 그 적절한 길로 이끌어 줍니다. 이 책으로 공부하면 한자나 한자어 등에 대해 여러 가지를 알아가면서 한자를 포함한 일본어의 읽고 쓰기 능력을 즐겁게 습득할 수 있습니다.

저자 니시구치 코이치

해설

>> 이 책의 특징

　이 책은 『민나노 일본어 초급』의 한자 학습서로서 쓰여진 것입니다. 그러나, 이 책이 목표로 하는 것은 단지 교과서에 나오는 한자나 한자어*를 공부하는 것이 아닙니다. 이 책은 개개의 한자나 한자어를 학습할 뿐만 아니라 일반적인 한자 능력과 일본어의 문장체에 관한 기능 습득도 목표로 하고 있습니다.

　한자를 외우기 위해서는 개개의 한자나 한자어를 몇 번씩 쓰고, 읽는 법을 그대로 암기할 수 밖에 없다고 생각하는 사람이 많은 듯 합니다. 그렇지만 실제로는 그렇지 않다고 생각합니다. 또 한자 체계를 기본으로 하는 한자 교재가 편찬되기도 합니다만 이것도 그다지 좋은 방법은 아니라고 생각합니다. 그 이유는 한자 체계라고 하는 것은 극히 부분적인 체계이며 또 그러한 방식은 학습자에게 모르는 단어를 많이 외워야 하는 부담을 강요하게 됩니다. **한자나 한자어는 잘 알고 있는 말, 또는 익숙한 문장이나 문맥 안에서 학습하고 그것과 병행해 한자나 한자어의 체계에도 주목하는 형태로 공부하는 것이 가장 유효한 공부 방법**이라고 저희들은 생각합니다. 이렇게 공부하면 학습자는 단지 일정한 수의 한자나 한자어를 외우는 것 뿐만 아니라 일반적인 한자 능력의 기초 실력을 형성할 수 있고 또 일본어의 문장체의 기능을 향상시킬 수 있습니다. 그리고 그러한 공부법은 폭 넓게 일본어 학습을 촉진시킵니다.

　아래 해설처럼 학습 한자와 학습 한자어의 선택에 있어서는 교과서, 일본어 능력시험 한자와 어휘리스트 (『일본어 능력 시험 출제 기준』(1997, 국제 교류 기금, 범인사))를 참조했습니다. 그래서 이 책은 『민나노 일본어 초급』의 부속 한자 교재로서 뿐만 아니라 **일반적인 기초 한자 교재로도 사용할 수 있습니다.**

＊한자어 = 표기할 때 한자로 쓰여지거나 한자와 보완적인 히라가나로 쓰여지는 말을 총칭해 한자어라고 부른다.

>> 학습 한자와 학습 한자어

　이 책에서는 220자의 한자 및 350어의 한자어를 학습 항목으로 선택했습니다. 350어의 학습 한자어는 몇 개의 예외를 제외하고 교과서에 제시되어 있으며, 입문 레벨의 한자어입니다. 220자의 학습 한자는 그 350어의 학습 한자어를 표기하기 위해서 필요한 것입니다.

>> 이 책의 개요

이 책은 본책 3부와 부속 참고서로 되어 있습니다. 이하 각 부분의 목적과 내용을 설명하겠습니다.

_제 1부 : 한자로의 초대

제 1부의 목적은 **일본어 표기 시스템과 한자의 자형과 의미적 특징을** 학습자에게 이해시키는 것입니다. 이 부분에서 학습자는 각종 문자를 사용해 일본어가 어떻게 표기되는지 또 그 안에서 한자가 어떠한 역할을 하고 있는지를 배웁니다. 나아가 학습자는 한자라고 하는 문자의 몇 가지 중요한 특징도 배웁니다.

_제 2부 : 입문 연습

제 2부에서는 한자의 자형에 초점을 맞추었습니다. 이 부분의 학습으로 학습자가 습득하는 기능은 한자를 인식하거나 쓰기 위한 능력의 기초가 됩니다.

한자를 정연하게 막힘없이 쓸 수 있게 되기 위해서는 **한자 고유의 심리 운동 기능을** 습득하지 않으면 안됩니다. 그러한 기능이 없으면 우선 실제로 도움이 될 정도로 한자를 쓸 수가 없고, 한자 공부는 아무리 시간이 흘러도 힘든 것이 됩니다. 그렇지만 그러한 심리 운동 기능을 습득하면 한자를 보고 쓰거나 인식하는 것이 매우 편해집니다.

이 책의 가장 중요한 특징의 하나인 **한자의 기본 획**은 그러한 심리 운동 기능을 습득하기 위해서 특별히 준비된 것입니다. 그 부분에서는 35자의 한자가 학습 소재로서 선택되어 그 한자들을 하나 하나 써 가는 것으로 필요한 심리 운동 기능이 몸에 익혀지도록 배열되어 있습니다. **35자의 각 한자를 한 자씩 막힘없이 올바른 형태로 쓸 수 있을 때까지 연습하세요.** 또 이 책으로 학습을 진행해서 한자 쓰기가 어렵다고 느껴지면 **한자의 기본 획**으로 돌아와서 한 번 더 쓰는 연습을 해 주세요.

제 2부의 나머지 부분은 **한자의 인식 연습**입니다. 이러한 연습으로 학습자는 한자의 일반적인 구성과 자주 사용되는 한자의 구성 요소를 알게 되고, 한자를 올바르게 인식하는 능력을 몸에 익힐 수 있습니다.

_제 3부 : 본과

제 3부가 이 책의 중심적인 부분입니다. 이 부분은 **20개의 단원과** 5과 마다 나와 있는 **한자 달인**으로 불리는 **4개의 복습** 과로 구성되어 있습니다. 각각의 단원을 공부하는 적절한 시기와 각 단원에서 다루어지고 있는 학습 한자와 학습 한자어를 다음 항목에 제시합니다.

_각 단원의 학습 시기

	『민나노 일본어 초급』 어느 부분에서 공부하면 좋은가	단원의 학습 한자와 학습 한자어는 민나노 일본어의 몇 과에 나와 있는가
Lesson 1 ~ Lesson 5	제 5과 후에	제 1과에서 제 5과
Lesson 6 ~ Lesson 10	제 10과 후에	제 6과에서 제 10과, 혹은 그보다 전
Lesson 11 ~ Lesson 12	제 15과 후에	제 11과에서 제 15과, 혹은 그보다 전
Lesson 13 ~ Lesson 15	제 20과 후에	제 16과에서 제 20과, 혹은 그보다 전
Lesson 16	제 21과 후에	21과 또는 그보다 전
Lesson 17	제 22과 후에	22과 또는 그보다 전
Lesson 18	제 23과 후에	23과 또는 그보다 전
Lesson 19	제 24과 후에	24과 또는 그보다 전
Lesson 20	제 25과 후에	25과 또는 그보다 전

각 단원은 4페이지 씩 있습니다. 이하 각 페이지를 설명합니다.

_제 1페이지

페이지의 맨 위에 그 단원에서 공부하는 학습 한자가 모두 제시되어 있습니다. 그리고 학습 한자어가 관련 있는 일러스트와 함께 제시되어 있습니다. 한자어와 일러스트의 관계를 잘 보고 한자나 한자어를 이해하고 기억하기 위한 단서를 찾아 주세요.

_제 2페이지와 3페이지 : 각 Lesson의 A페이지와 B페이지

학습 한자어를 두 페이지로 나누어 공부합니다. 각 페이지는 다음 세 개 부분으로 되어 있습니다.
　Ⅰ. 술술 읽는 법 익히기 : 학습 한자와 학습 한자어의 제시와 인식 연습
　Ⅱ. 쓱쓱 쓰는 법 익히기 : 학습 한자의 쓰는 법 연습
　Ⅲ. 바로바로 써 먹는 사용법 : 예문 안에서 학습 한자어를 읽는 연습을 합니다. 그 단원의 학습 항목이 아닌 한자어에는 읽는 법이 달려 있습니다.

_마지막 페이지 : 척척 한자 박사

이 페이지는 Lesson의 정리와 복습입니다. 학습 한자의 자형의 특징이나 다른 읽는 법, 또 숙어의 구성이나 학습 한자어의 어법 등을 주로 학습합니다. 한자어를 도식적으로 정리한 것이나 한자어 읽는 법을 연습하기 위한 짧은 문장도 필요에 따라서 제시하고 있습니다.

　이 페이지에서 여러 가지 궁리를 하고 정보를 제시한 것이 이 책의 두드러진 특징의 하나입니다. 그 단원의 학습 사항이 아닌 한자어에는 모두 읽는 법이 달려 있습니다. 다만 읽기에는 이 책에서 그 단원까지 공부하지 않은 한자어에만 읽는 법이 달려 있습니다.

한자 달인에서는 앞에서 학습한 5단원에서의 한자와 한자어의 지식을 정리하고 있습니다. **한자 달인**이 제공하는 정보는 이 책 내용의 중요한 부분이 되고 있습니다. **한자 달인**에서는 읽기 이외에는 앞에서 학습한 5과에서 학습 사항이 아닌 한자어에는 모두 읽는 법이 달려 있습니다.
　　20과의 각 단원에 대응하는 퀴즈가 권말에 있습니다.

　_참고서

　　참고서에는 220자의 학습한자와 그것을 포함한 한자어, 그리고 그 외의 관련된 정보가 제시되어 있습니다. 학습 한자의 차례는 이 책 제 3 부의 20과의 단원이 제출되는 차례와 같습니다. 각 한자에는 그 차례대로 한자 번호가 있습니다. 참고서는 제 3부 단원을 학습할 경우 참고로 사용해 주세요. 참고서는 한자와 한자어의 지식을 확인, 정리, 확충하는데도 매우 도움이 됩니다. 참고서의 말미에는 350어의 학습 한자어의 색인이 있어서 각 학습 한자어에 포함되는 한자가 한자 번호와 함께 제시되어 있습니다.

〉〉 이 책의 사용법

　　제 3부 단원은 『민나노 일본어 초급』의 과와 1과씩 대응하고 있지 않습니다. 그것은 통상 한자 학습은 교과서 공부가 몇 과 진행되고 나서 개시되기 때문입니다. 그러므로 그 사이에 이 책 제 1부와 제 2부를 공부해 주세요. 그리고 **교과서의 제 5과까지 또는 조금 더 공부하고 나서** 제 3부 공부를 시작해 주세요.
　　Lesson1에서 Lesson5는 교과서 제 5과까지 공부한 후, 그리고 Lesson6에서 단원 Lesson10은 제 10과에서, Lesson11과 Lesson12는 제 15과까지, Lesson13에서 Lesson15는 제 20과까지 각각 끝나고 나서 공부해 주세요. 그리고 그 다음 부분은 한 과가 진행될 때 마다 한 단원씩 공부해 주세요. 이것은 앞 페이지의「**각 단원의 학습 시기**」에서 도식적으로 해설하고 있습니다.

〉〉 주의

- 이하의 한자어는 교과서에서는 정서법에 따라 한자와 히라가나로 쓰여져 있습니다만, 이 책에서는 히라가나로 표기합니다.
　　難しい → むずかしい、易しい → やさしい、（写真を）撮る→ とる
- 「そして」「でも」「だから」는 교과서내의 출현의 유무에 관계없이 자유롭게 사용하는 것으로 합니다.
- 한자에 달려 있는 한자 번호는 이 책의 독자적인 것으로 참조의 편의를 위한 것입니다. 한자 번호는 외울 필요가 없습니다.

목차

제1부 한자로의 초대

漢字・ひらがな・カタカナ・Rōma-ji　한자・히라가나・가타카나・로마자 ⋯ 3
かんじ

漢字はどれですか　한자는 어느 것입니까? ⋯⋯⋯⋯⋯⋯⋯⋯⋯⋯⋯⋯ 4
かんじ

同じ漢字はどれですか　같은 한자는 어느 것입니까? ⋯⋯⋯⋯⋯⋯⋯ 5
おな　かんじ

絵から漢字ができました（1）　그림에서 한자가 만들어졌습니다(1) ⋯⋯⋯⋯⋯ 7
え　　かんじ

絵から漢字ができました（2）　그림에서 한자가 만들어졌습니다(2) ⋯⋯⋯⋯⋯ 9
え　　かんじ

제2부 각과 개요

漢字のベーシック・ストローク　한자의 기본 획 ⋯⋯⋯⋯⋯⋯⋯⋯ 13
かんじ

漢字の読み方　한자 읽는 법 ⋯⋯⋯⋯⋯⋯⋯⋯⋯⋯⋯⋯⋯⋯⋯⋯ 17
かんじ　よ　かた

漢字を切る！（1）　한자를 나누다(1) ⋯⋯⋯⋯⋯⋯⋯⋯⋯⋯⋯⋯⋯ 20
かんじ　き

漢字を切る！（2）　한자를 나누다(2) ⋯⋯⋯⋯⋯⋯⋯⋯⋯⋯⋯⋯⋯ 21
かんじ　き

同じ形がありますか　같은 형태가 있습니까? ⋯⋯⋯⋯⋯⋯⋯⋯⋯⋯ 23
おな　かたち

제3부 본과

*각 Lesson 아래는 민나노日本語 초급에 대응하는 과를 나타냄

Lesson 1 (5 과까지)	日 月 火 水 木 金 土 山 川 田 ………… 27
	1　2　3　4　5　6　7　8　9　10

Lesson 2 (5 과까지)	一 二 三 四 五 六 七 八 九 十 百 千 万 円 …… 31
	11　12　13　14　15　16　17　18　19　20　21　22　23　24

Lesson 3 (5 과까지)	学 生 先 会 社 員 医 者 本 中 国 人 ………… 35
	25　26　27　28　29　30　31　32　33　34　35　36

Lesson 4 (5 과까지)	今 朝 昼 晩 時 分 半 午 前 後 休 毎 何 …… 39
	37　38　39　40　41　42　43　44　45　46　47　48　49

Lesson 5 (5 과까지)	行 来 校 週 去 年 駅 電 車 自 転 動 ………… 43
	50　51　52　53　54　55　56　57　58　59　60　61

한자 달인 1 ………………………………………………………… 47

Lesson 6 (10 과까지)	高 安 大 小 新 古 青 白 赤 黒 …………………… 51
	62　63　64　65　66　67　68　69　70　71

Lesson 7 (10 과까지)	上 下 父 母 子 手 好 主 肉 魚 食 飲 物 ………… 55
	72　73　74　75　76　77　78　79　80　81　82　83　84

Lesson 8 (10 과까지)	近 間 右 左 外 男 女 犬 ……………………………… 59
	85　86　87　88　89　90　91　92

Lesson 9 (10 과까지)	書 聞 読 見 話 買 起 帰 友 達 …………………… 63
	93　94　95　96　97　98　99　100　101　102

Lesson 10	茶 酒 写 真 紙 映 画 店 英 語	67
10 과까지	103 104 105 106 107 108 109 110 111 112	

한자 달인 2 71

Lesson 11	送 切 貸 借 旅 教 習 勉 強 花	75
15 과까지	113 114 115 116 117 118 119 120 121 122	

Lesson 12	歩 待 立 止 雨 入 出 売 使 作	79
15 과까지	123 124 125 126 127 128 129 130 131 132	

Lesson 13	明 暗 広 多 少 長 短 悪 重 軽 早	83
20 과까지	133 134 135 136 137 138 139 140 141 142 143	

Lesson 14	便 利 元 気 親 有 名 地 鉄 仕 事	87
20 과까지	144 145 146 147 148 149 150 151 152 153 154	

Lesson 15	東 西 南 北 京 夜 料 理 口 目 足 曜	91
20 과까지	155 156 157 158 159 160 161 162 163 164 165 166	

한자 달인 3 95

Lesson 16	降 思 寝 終 言 知 同 漢 字 方	99
21 과까지	167 168 169 170 171 172 173 174 175 176	

Lesson 17	図 館 銀 町 住 度 服 着 音 楽 持	103
22 과까지	177 178 179 180 181 182 183 184 185 186 187	

Lesson 18	春 夏 秋 冬 道 堂 建 病 院 体 運 乗	107
23 과까지	188 189 190 191 192 193 194 195 196 197 198 199	

| Lesson 19 | 家 内 族 兄 弟 奥 姉 妹 海 計 | 111 |
| 24 과까지 | 200 201 202 203 204 205 206 207 208 209 | |

| Lesson 20 | 部 屋 室 窓 開 閉 歌 意 味 天 考 | 115 |
| 25 과까지 | 210 211 212 213 214 215 216 217 218 219 220 | |

한자 달인 4 ······ 119

한자 달인 정답 ······ 135

퀴즈 ······ 137

퀴즈 정답 ······ 157

참고서

학습 한자와 한자어

학습 한자어 색인

제1부

한자로의 초대

漢字・ひらがな・カタカナ・Rōma-ji
かんじ

한자 · 히라가나 · 가타카나 · 로마자

 日本語　　土曜日マイクさんとJRで京都へ行きました。

 漢字　　土曜日▊▊▊▊▊▊▊▊京都▊行▊▊▊▊▊。

 ひらがな　　▊▊▊▊▊さんと▊で▊▊へ▊きました。

 カタカナ　　▊▊▊▊マイク▊▊▊▊▊▊▊▊▊▊▊▊。

 Rōma-ji　　▊▊▊▊▊▊▊▊▊JR▊▊▊▊▊▊▊。

漢字はどれですか。
かんじ

한자는 어느 것 입니까?

예. きのう 日本語 でレポートを 書 きました。

1. 日曜日の午後、いつもテニスをします。

2. 中国ではラジオで日本語を勉強しました。

3. 来月、新幹線で東京へ行きます。もう切符を買いました。

4. わたしは毎朝７時に喫茶店でコーヒーを飲みます。

5. それから、バスで会社へ行きます。

6. 仕事は忙しいですが、おもしろいです。

7. 12時に会社の食堂で昼ごはんを食べます。

8. 仕事が終わってから会社の人といっしょに飲みに行きます。

9. お酒が好きです。

同じ漢字はどれですか。
같은 한자는 어느 것 입니까?

絵から漢字ができました（1）
え　　かんじ

그림에서 한자가 만들어졌습니다.(1)

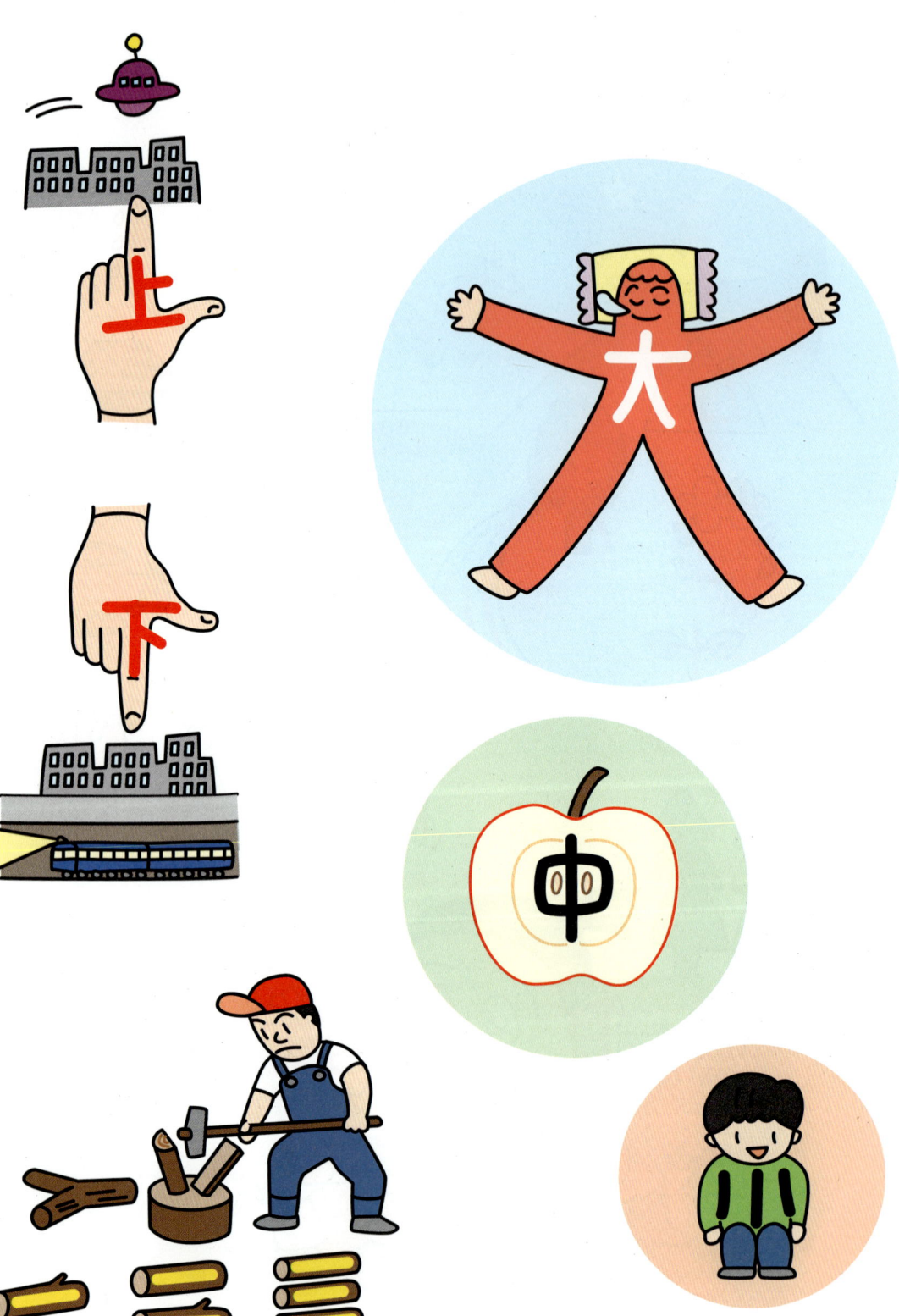

絵から漢字ができました (2)
え　　かんじ

그림에서 한자가 만들어졌습니다.(2)

제 2 부

입문 연습

漢字のベーシック・ストローク
かんじ

한자의 기본 획

Ⅰ. 아래 한자를 막힘없이 정확하게 쓸 수 있을 때까지 몇 번이고 쓰는 연습을 하세요.

Ⅱ. 아래 한자어를 외우세요.

1. 一 十 (직선)

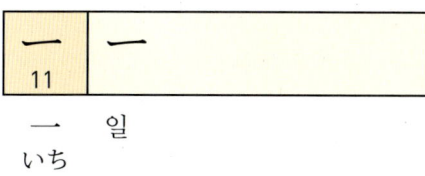

一 일
いち

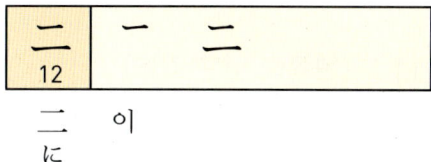

二 이
に

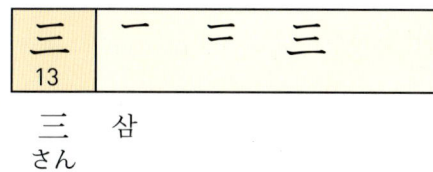

三 삼
さん

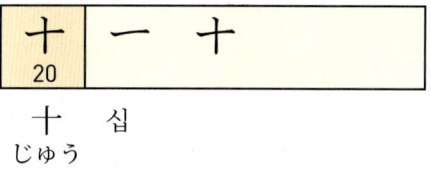

十 십
じゅう

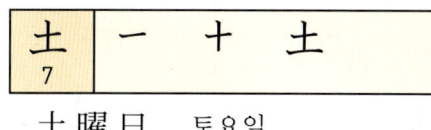

土曜日 토요일
どようび

2. 口 日 田 (사각)

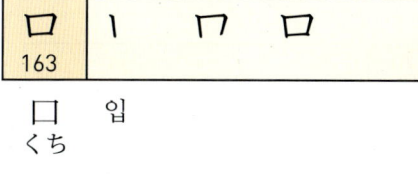

口 입
くち

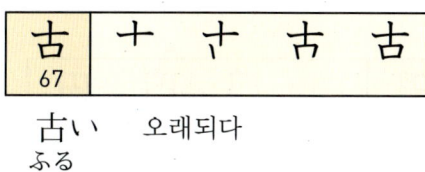

古い 오래되다
ふる

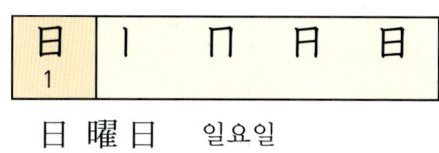

日曜日 일요일
にちようび

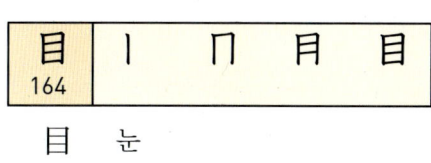

目 눈
め

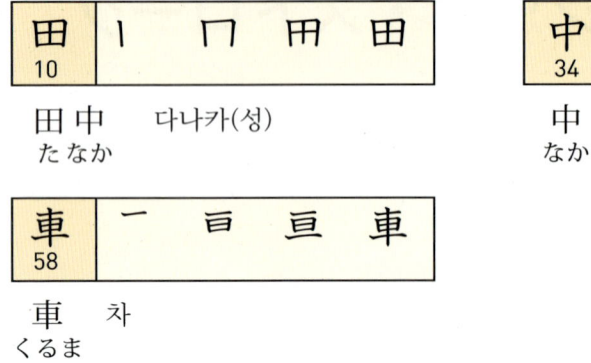
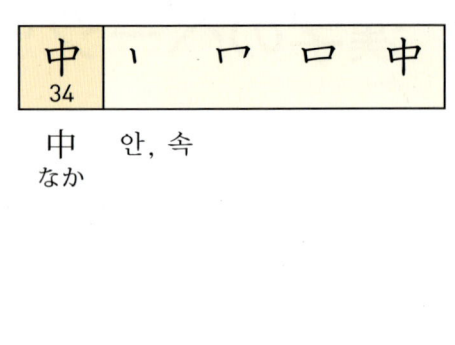

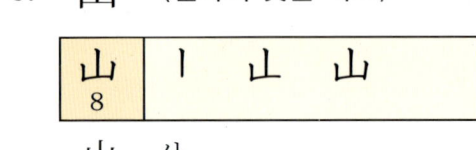

3. 山 (왼쪽이 낮은 각도)

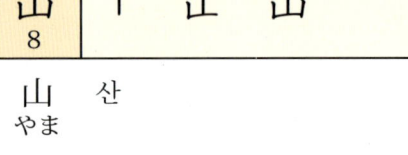
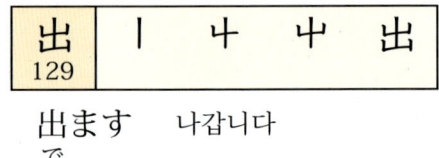

4. 川 水 人 八 兄 父
　　（매끄럽다 / 점프하다 / 경사진 선 / 늘이다 / 커브 / 점）

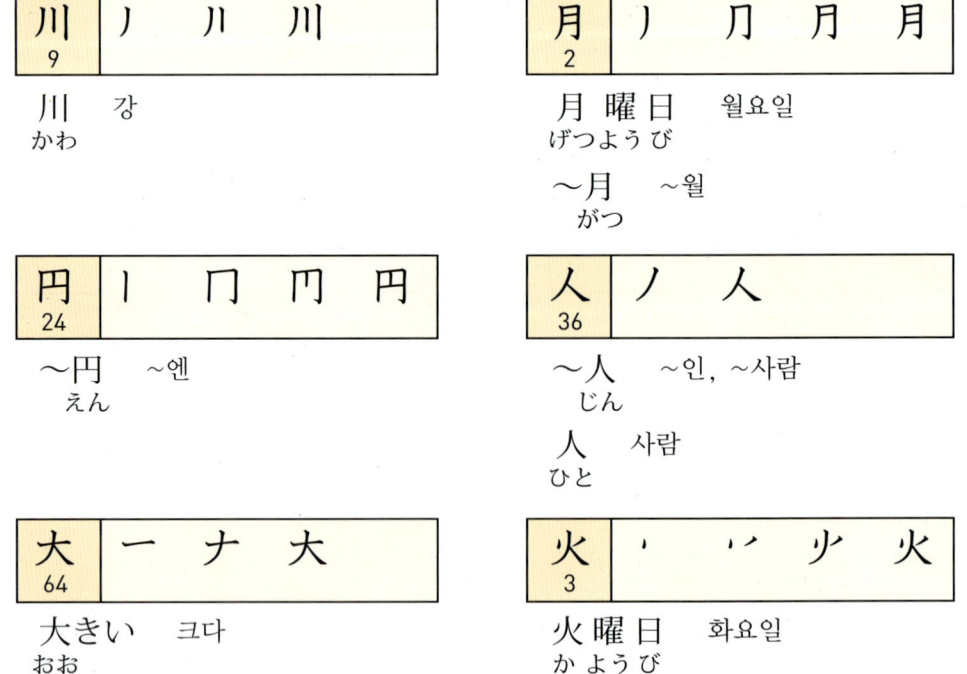

八 18	ノ	八		

八 팔
はち

父 74	ノ	ハ	ク	父

父 아버지
ちち

少 137	ノ	小	小	少

少ない 적다
すく

木 5	一	十	才	木

木曜日 목요일
もくようび

木 나무
き

東 155	一	旦	車	東

東京 도쿄
とうきょう

東 동쪽
ひがし

見 96	冂	目	貝	見

見ます 봅니다
み

分 42	ノ	ハ	分	分

～分 ～분
ふん／ぷん

小 65	亅	小	小	

小さい 작다
ちい

水 4	亅	刁	才	水

水曜日 수요일
すいようび

水 물
みず

本 33	一	十	木	本

本 책
ほん

日本 일본
にほん

京 159	丶	亠	古	京

東京 도쿄
とうきょう

先 27	ノ	生	牛	先

先生 선생, 선생님
せんせい

| 生 26 | ノ ヒ 牛 生 |

先生　선생, 선생님
せんせい

| 子 76 | フ 了 子 |

子ども　어린이, 아이
こ

| 手 77 | 一 二 三 手 |

手　손
て

漢字の読み方
かんじ　　よ　　かた
한자 읽는 법

「한자의 기본 획」의 35 한자＋四、五、六、七、九、曜、金

Ⅰ. 아래 한자를 외울 수 있을 때까지 연습하세요.

1. 一　　二　　三　　四　　五
　　いち　に　　さん　し/よん　ご

　六　　七　　八　　九　　十
　ろく　しち/なな　はち　きゅう/く　じゅう

2. 30 円　　500 円　　7,000 円　　40,000 円
　さんじゅうえん　ごひゃく　ななせん　よんまん

3. 1月 27 日　　4月 16 日　　10月 31 日
　いちがつにじゅうしち にち　し　じゅうろく　じゅう　さんじゅういち

4. 日曜日　　月曜日　　火曜日　　水曜日
　にちようび　げつ　　か　　　すい

　木曜日　　金曜日　　土曜日
　もく　　　きん　　　ど

5. 5分　　10分　　15分　　20分　　30分
　ごふん　じゅっぷん　じゅうごふん　にじゅっぷん　さんじゅっぷん

6. 口　　目　　手
　くち　め　　て

　口の中　　目の中　　手の中
　　なか

7. 車　　本　　水
　　くるま　ほん　みず

　　車の中　　本の中　　水の中
　　　　なか

8. 大きい口　　大きい目　　大きい手
　　おお　くち　　　　　め　　　　　　て

　　小さい口　　小さい目　　小さい手
　　ちい

9. 東京　　日本　　東アジア
　　とうきょう　にほん　ひがし

10. 日本人　　タイ人　　ブラジル人
　　にほんじん

11. 田中さん　　山田さん
　　たなか　　　やまだ

　　田中先生　　山田先生
　　　　せんせい

12. 山　　川　　木
　　やま　かわ　き

13. 父と 子ども
　　ちち　こ

14. あしたは土曜日です。내일은 토요일입니다.
　　　　　　どようび

15. 人が少ないです。사람이 적습니다.
　　ひと　すく

18_ 漢字の読み方

16. 父は日本人です。 우리 아버지는 일본인입니다.
    ちち　にほんじん

    わたしはアメリカ人です。 저는 미국인입니다.

17. 田中さんの 車 は大きいです。 다나카 씨의 차는 큽니다.
    たなか　　くるま　おお

    わたしの車は小さいです。 제 차는 작습니다.
    　　　　　　ちい

18. レストランを出ます。 레스토랑을 나옵니다.
    　　　　　　で

19. テレビを見ました。 텔레비전을 봤습니다.
    　　　　み

20. 本を見てください。 책을 보세요.
    ほん　み

漢字を切る！(1)
かんじ き

한자를 나누다!(1)

예1. 休　　예2. 青

1. 外

2. 好

3. 新

4. 花

5. 前

6. 駅

7. 電

8. 音

9. 行

10. 思

漢字を切る！(2)
かんじ き

한자를 나누다！(2)

예1. 秋 :

예2. 国 :

1. 校 :

2. 夜 :

3. 週 :

4. 同 :

5. 歩 :

6. 店 :
7. 図 :
8. 画 :
9. 旅 :
10. 窓 :
11. 間 :
12. 勉 :

同じ形がありますか
おな　かたち
같은 형태가 있습니까?

예1.	体	:	何	使	社
예2.	金	:	会	分	今
1.	安	:	学	家	字
2.	曜	:	晩	明	服
3.	時	:	待	帰	持
4.	近	:	建	運	道
5.	元	:	買	兄	先
6.	茶	:	英	前	花
7.	間	:	開	円	閉
8.	店	:	広	右	度
9.	酒	:	持	海	漢
10.	員	:	買	魚	貸

제3부

본과

Lesson 1

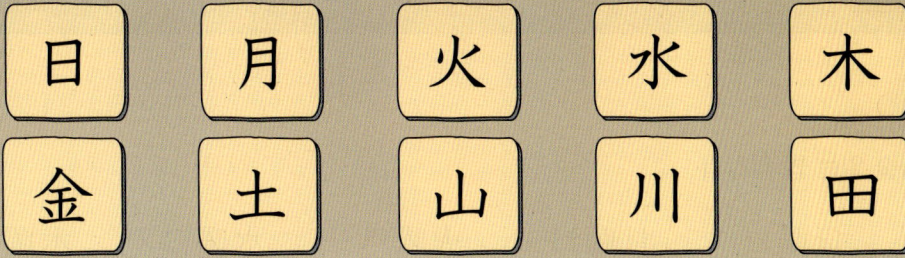

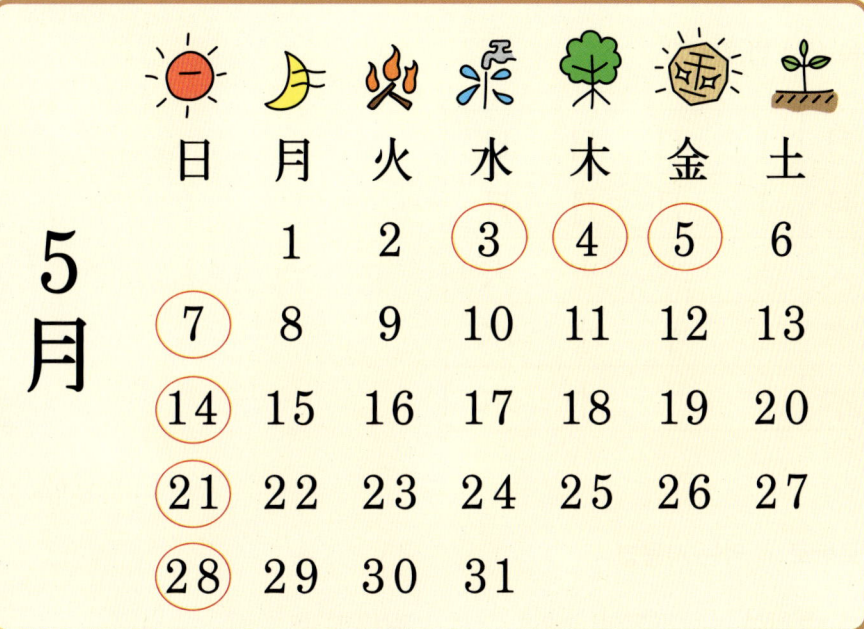

1-A　　日　月　火　水　木

I　술술 읽는 법 익히기

1　　日曜日　　　月曜日　　　火曜日　　　水曜日　　　木曜日
　　　にちようび　　げつようび　　かようび　　　すいようび　　もくようび

II　쓱쓱 쓰는 법 익히기

日	丨	冂	日	日
月	丿	冂	月	月
火	丶	丷	少	火
水	丨	刂	才	水
木	一	十	才	木

III　바로바로 써 먹는 사용법

1　今日は月曜日です。あしたは火曜日です。
　　きょう

　　あさっては水曜日です。木曜日はわたしの誕生日です。
　　　　　　　　　　　　　　　　　　　　　　たんじょうび

2　今日は日曜日です。休みです。昼、12時に起きました。
　　きょう　　　　　　　　　やす　　　　ひる　　じ　お

　　あしたは月曜日です。6時に起きます。

　　月曜日から金曜日まで毎朝6時に起きます。
　　　　　　　きんようび　　まいあさ

3　A：火曜日に大阪デパートへ行きます。
　　　　　　　　おおさか

　　B：大阪デパートは火曜日、休みですよ。
　　　　　　　　　　　　　　　やす

1-B　　金　土　山　川　田
　　　　　　6　7　8　9　10

I 술술 읽는 법 익히기

1　金曜日　　土曜日
　　きんようび　どようび

2　山田さん　　山川さん　　田中さん　　中川さん
　　やまだ　　　やまかわ　　たなか　　　なかがわ

II 쓱쓱 쓰는 법 익히기

金	ノ	入	今	仐	余	金	金
土	一	十	土				
山	丨	山	山				
川	ノ	川	川				
田	丨	冂	冊	用	田		

III 바로바로 써 먹는 사용법

1　わたしは山田です。IMCの社員です。
　　　　　　　　　　　　　　しゃいん

2　月曜日から金曜日まで働きます。土曜日と日曜日は休みです。
　　げつようび　　　　　　　はたら　　　にちようび　　やす

3　あの方は山川さんです。中川さんの友達です。
　　　　かた　　　　　　　　　　　　　ともだち

4　土曜日は山川さんの誕生日です。
　　　　　　　　　　　たんじょうび

　　土曜日の午後、山川さんのうちへ行きます。
　　　　　　ごご　　　　　　　　　い

　　田中さんと行きます。

5　A：金曜日、何時にうちへ帰りましたか。
　　　　　　　　なんじ　　　かえ

　　B：金曜日は帰りませんでした。土曜日の朝、帰りました。
　　　　　　　　　　　　　　　　　　　　あさ

Lesson 1 _29

척척 한자 박사

연습 Ⅰ ( ) 안에 읽는 법을 써 봅시다.

1　田 中 さん
　( ) なか

2　田 口 さん
　(た) ぐち

2　山 田 さん
　やま ( )

3　上 田 さん
　うえ ( )

연습 Ⅱ 누구의 수첩일까요?

月	アップル銀行
火	
水	
木	
金	3:00　IMC
土	みどり図書館
日	

1　(田中さん)

月	さくら大学
火	アップル銀行
水	さくら大学
木	
金	さくら大学
土	みどり図書館
日	

2　(　　　　　)

月	東京
火	東京
水	
木	
金	3:00 8F 会議室
土	
日	デパート

3　(　　　　　)

田中さん
・月曜日にアップル銀行へ行きます。
　　　　　　ぎんこう　い
・金曜日の３時に IMC へ行きます。
　　　　　じ
・土曜日にみどり図書館へ行きます。
　　　　　　としょかん

山田さん
・月曜日に東京へ行きます。火曜日に帰ります。
　　　　　とうきょう　　　　　　かえ
・金曜日の３時に８階の会議室へ行きます。
　　　　　じ　かい　かいぎしつ
・日曜日に家族とデパートへ行きます。
　　　　　かぞく

山川さん
・月曜日と水曜日と金曜日にさくら大学へ行きます。
　　　　　　　　　　　　　　　　だいがく　い
・火曜日にアップル銀行へ行きます。
　　　　　　　ぎんこう
・土曜日にみどり図書館へ行きます。
　　　　　　としょかん

Lesson 2

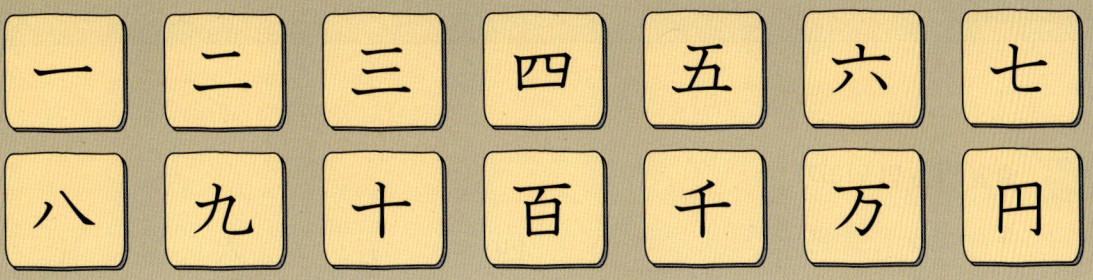

一 二 三 四 五 六 七
八 九 十 百 千 万 円

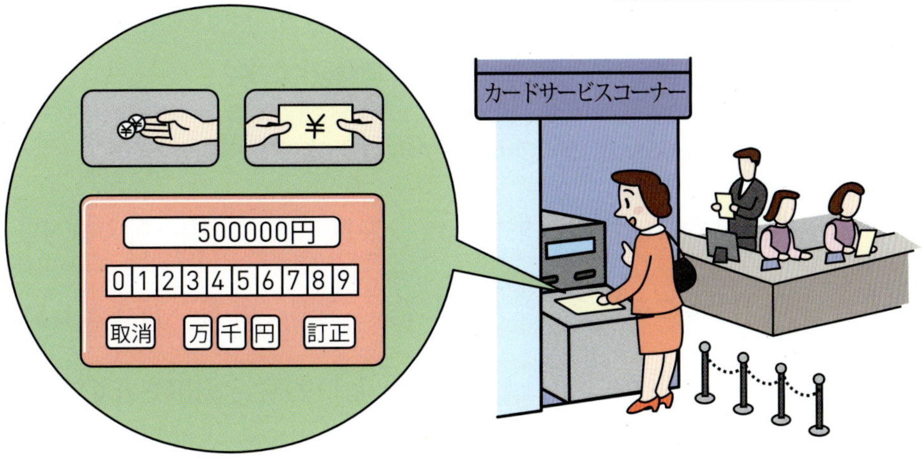

2-A 一 二 三 四 五 六 七

Ⅰ 술술 읽는 법 익히기

1 一 いち   二 に   三 さん   四 し／よん   五 ご   六 ろく   七 しち／なな

2 一月 いちがつ   二月 にがつ   三月 さんがつ   四月 しがつ   五月 ごがつ   六月 ろくがつ   七月 しちがつ

3 一日 ついたち   二日 ふつか   三日 みっか   四日 よっか   五日 いつか   六日 むいか   七日 なのか

4 一月一日 いちがつついたち   三月三日 さんがつみっか   五月五日 ごがついつか   七月七日 しちがつなのか

Ⅱ 쓱쓱 쓰는 법 익히기

一	一			二	一	二	
三	一	二	三	四	冂	四	四
五	丁	五	五	六	丶	亠	六
七	一	七					

Ⅲ 바로바로 써 먹는 사용법

1 今日は四月四日です。大学は六日まで休みです。
きょう　　　　　　　　　　　　　だいがく　　　　　やす

2 六月に北海道へ行きます。五日から行きます。
　　　　ほっかいどう　い

3 去年の三月六日に日本へ来ました。来月の三日に国へ帰ります。
きょねん　　　　　　にほん　き　　　　　らいげつ　　　　　くに　かえ

4 一月一日はどこも行きませんでした。二日に京都へ行きました。
　　　　　　　　　　い　　　　　　　　　　　きょうと

5 山川さんの誕生日は七月七日です。七日の晩、山川さんのうちへ行きます。
やまかわ　　たんじょうび　　　　　　　　　　　ばん　　　　　　　　　　い

2-B 八 九 十 百 千 万 円
_{18 19 20 21 22 23 24}

I 술술 읽는 법 익히기

1 八 九 十
   はち きゅう/く じゅう

2 百　　二百　　三百　　四百　　五百　　六百　　七百　　八百
   ひゃく　にひゃく　さんびゃく　よんひゃく　ごひゃく　ろっぴゃく　ななひゃく　はっぴゃく

3 千　　三千　　五千　　六千　　七千　　八千　　九千　　一万
   せん　さんぜん　ごせん　ろくせん　ななせん　はっせん　きゅうせん　いちまん

4 八月　　九月　　十月　　十一月　　十二月
   はちがつ　くがつ　じゅうがつ　じゅういちがつ　じゅうにがつ

5 八日　　九日　　十日　　十一日　　十四日　　二十日
   ようか　ここのか　とおか　じゅういちにち　じゅうよっか　はつか

   二十四日
   にじゅうよっか

6 一円　　十円　　百円　　千円　　一万円　　百万円
   いちえん　じゅうえん　ひゃくえん　せんえん　いちまんえん　ひゃくまんえん

II 쓱쓱 쓰는 법 익히기

八	ノ	八		九	ノ	九	
十	一	十		百	一	丆	百
千	ノ	二	千	万	一	丆	万
円	冂	冂	円				

III 바로바로 써 먹는 사용법

1 A：このコンピューターは、いくらですか。

   B：十七万円です。

2 A：このワインは九千円です。これは千九百円です。

   B：千九百円のをください。

Lesson 2 _33

척척 한자 박사

정리

1   1 2 3 4 5

万	1 0 0 0 0	一万		いちまん
千	2 0 0 0	二千		にせん
百	3 0 0	三百		さんびゃく
十	4 0		四十	よんじゅう
一	5		五	ご

一万二千三百四十五

2   6 7 8 9 0 1

万	6 7 0 0 0 0	六十七万		ろくじゅうななまん
千	8 0 0 0		八千	はっせん
百	9 0 0		九百	きゅうひゃく
十	0 0			
一	1		一	いち

六十七万八千九百一

연습　다음 한자의 읽는 법을 써 봅시다.

1　一月一日　　　(　いちがつついたち　)　…　1月1日
2　二月十四日　　(　　　　　　　　　　)　…　2月14日
3　三月三日　　　(　　　　　　　　　　)　…　3月3日
4　五月五日　　　(　　　　　　　　　　)　…　5月5日
5　七月七日　　　(　　　　　　　　　　)　…　7月7日
6　十二月二十五日(　　　　　　　　　　)　…　12月25日
7　　月　　日　　(　わたしの誕生日　)　…
　　　　　　　　　　　　　たんじょうび

> 1. お正月 정월, 설날　　2. バレンタインデー 발렌타인데이
>   しょうがつ
> 3. ひな祭り 인형 축제　4. 子どもの日 어린이 날
>   まつ　　　　　　　　こ　　ひ
> 5. 七夕 칠석　　　　　6. クリスマス 크리스마스
>   たなばた

2. にがつじゅうよっか　3. さんがつみっか　4. ごがついつか　5. しちがつなのか
6. じゅうにがつにじゅうごにち

Lesson 3

学　生　先　会　社　員

医　者　本　中　国　人

会社 ― 員
銀行 ― 員

日本 ― 人
中国 ― 人
タイ ― 人

医 ― 者

先 ― 生
学 ― 生

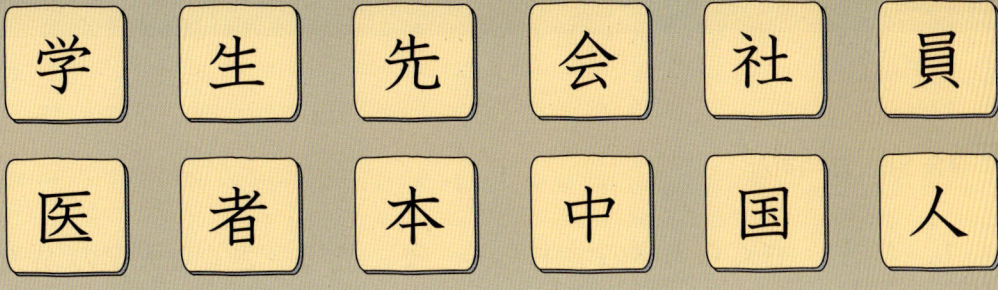

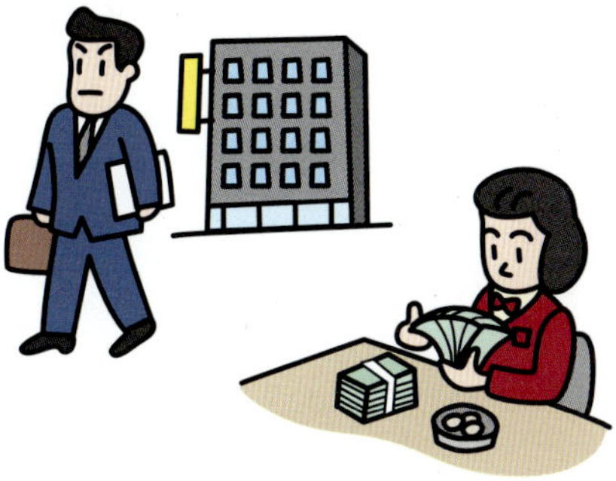

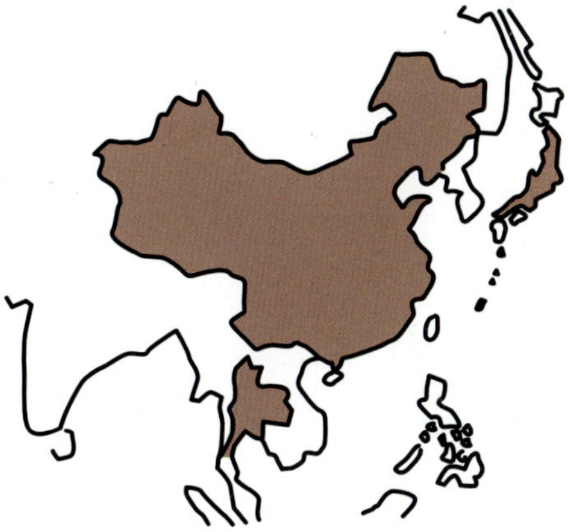

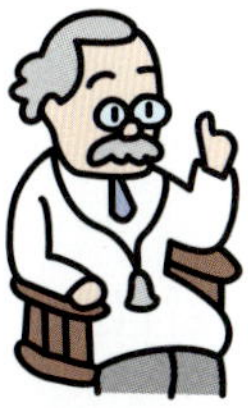

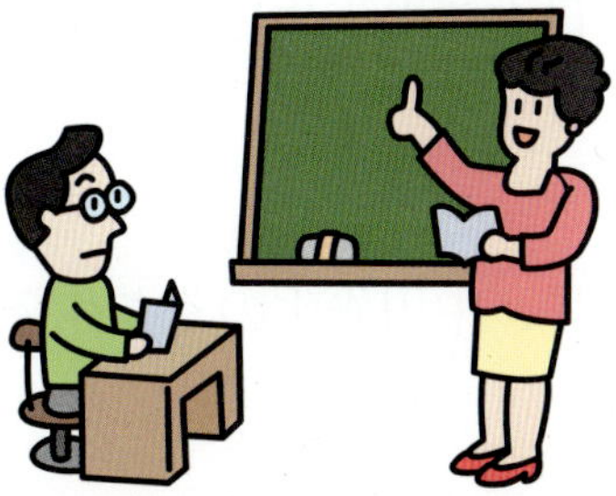

3-A 学生 先 会 社 員
_{25　　26　27　28　29　30}

I 술술 읽는 법 익히기

1　学生　さくら大学の学生
　　がくせい　　だいがく　がくせい

2　先生　さくら大学の先生
　　せんせい　　だいがく　せんせい

3　先月
　　せんげつ

4　会社　わたしの会社
　　かいしゃ　　　　かいしゃ

5　会社員　銀行員
　　かいしゃいん　ぎんこういん

II 쓱쓱 쓰는 법 익히기

学	⺌	⺌	⺍	兴	学	学	学
生	ノ	⺋	牛	牛	生		
先	ノ	⺋	牛	生	步	先	
会	ノ	人	人	合	会	会	
社	、	ラ	ネ	ネ	ネ	社	社
員	口	口	月	月	冒	目	員

III 바로바로 써 먹는 사용법

1　山田さんは会社員です。山田さんの会社はコンピューターの会社です。
　　やまだ

2　田中さんは銀行員です。山川さんは日本語の先生です。
　　たなか　　　　　　　　やまかわ　　　　にほんご

　　田中さんと山川さんは友達です。
　　　　　　　　　　　　　ともだち

3　わたしはさくら大学の学生です。先月、中川先生のうちへ行きました。
　　　　　　　　　　　　　　　　　　　　なかがわ　　　　　　い

3-B 医 者 本 中 国 人

I 술술 읽는 법 익히기

1　医者　　　　　　　　　　2　本　　わたしの本
　　いしゃ　　　　　　　　　　　　ほん　　　　　ほん

3　日本　　　　　　　　　　4　田中さん　　中川さん
　　にほん　　　　　　　　　　　　たなか　　　なかがわ

5　国　　わたしの国　　　　6　中国
　　くに　　　　　くに　　　　　　　ちゅうごく

7　あの人　　会社の人　　　8　日本人　　中国人
　　　ひと　　かいしゃ　ひと　　　　にほんじん　ちゅうごくじん

II 쓱쓱 쓰는 법 익히기

医	一	ア	戸	匚	天	矢	医
者	十	土	耂	耂	者	者	者
本	一	十	才	木	本		
中	丶	口	口	中			
国	丨	冂	冂	冂	国	国	国
人	ノ	人					

III 바로바로 써 먹는 사용법

1　A：お国はどちらですか。

　　B：中国です。先月、日本へ来ました。
　　　　　　　　　　せんげつ　　　　き

2　わたしは医者です。中国人です。

3　あの人は田中さんです。IMCの人です。

4　これはコンピューターの本です。中川さんの本です。

척척 한자 박사

연습 I 다음 한자 뒤에 공통적으로 들어갈 수 있는 한자를 보기에서 골라 넣어봅시다.

보기 員　人　者　生

1　会社
　　社 しゃ 　 > 員

2　医
　　研究 けんきゅう 　 > □

3　先
　　学 　 > □

4　中国
　　日本
　　アメリカ 　 > □

연습 II ( )안에 한자의 읽는 법을 써 봅시다.

1　韓　国　　　国　際　電　話*1)　　2　中　国
　　かん(こく)　　(こく)さいでんわ　　　　　　(　　)

3　お　国　　　わたしの　国
　　　(　　)　　　　　　　(くに)

연습 III ( ) 안에 한자의 읽는 법을 써 봅시다.

1　3　人 *2)　　2　あの　人　　3　日本　人
　　　(にん)　　　　　　(　　)　　　　　(　　)

연습 IV 매일 어디로 가나요? 선으로 연결해 봅시다.

1　先生　　・　　　　　・　a　病 院
　　　　　　　　　　　　　　　　びょういん
2　医者　　・　　　　　・　b　大学

3　学生　　・　　　　　・　c　会社

4　会社員　・

*1) 国際電話 국제전화 *2) 3人 3명

정답: I. 1.員 2.者 3.生 4.人 II. 1.こく 2.ちゅうごく 3.くに III. 1.にん 2.ひと 3.じん IV. 1.b 2.a 3.b 4.c

Lesson 4

今　朝　昼　晩　時　分　半
午　前　後　休　毎　何

朝　　　　　昼　　　　　晩

4-A 今 朝 昼 晩 時 分 半
_{37 38 39 40 41 42 43}

Ⅰ 술술 읽는 법 익히기

1　今
　　いま

2　今日　　今 週　　今月　　今年
　　きょう　こんしゅう　こんげつ　ことし

3　朝　　昼　　晩
　　あさ　ひる　ばん

4　今朝　　今晩
　　けさ　　こんばん

5　1 時　　4 時 5 分　　9 時 10 分　　10 時半
　　じ　　じ　ふん　　じ　ぷん　　じ　はん

Ⅱ 쓱쓱 쓰는 법 익히기

今	ノ	人	人	今		
朝	一	十	占	卓	朝	朝	朝
昼	一	二	尸	尺	尽	昼	昼
晩	日	日'	日⁊	昤	晚	晚	晩
時	日	日一	日十	昤	晧	時	時
分	ノ	八	分	分			
半	丶	丷	亠	兰	半		

Ⅲ 바로바로 써 먹는 사용법

1　来 週、中 国へ行きます。月曜日の朝、行きます。
　　らいしゅう　ちゅうごく　い　　　げつようび

2　きのうの晩、10 時に寝ました。今朝、4 時半に起きました。
　　　　　　　　　ね　　　　　　　　　　お

3　今、5 時半です。今日、6 時 20 分の新幹線で東 京へ行きます。
　　　　　　　　　　　　　　　　　　しんかんせん　とうきょう　い

4　今月、毎晩 10 時まで 働 きました。日曜日も働きました。
　　　　まいばん　　　　　はたら　　　　にちようび

4-B　午　前　後　休　毎　何

I 술술 읽는 법 익히기

1　午前（ごぜん）　午前9時（ごぜん　じ）　　2　午後（ごご）　午後4時（ごご　じ）

3　休み（やす）　昼休み（ひるやす）　　4　休みます（やす）

5　毎日（まいにち）　毎週（まいしゅう）　毎月（まいつき）　毎年（まいとし/まいねん）　6　毎朝（まいあさ）　毎晩（まいばん）

7　何ですか（なん）　何の本ですか（なん　ほん）　何時ですか（なんじ）　何月何日ですか（なんがつなんにち）

II 쓱쓱 쓰는 법 익히기

午	ノ	⺅	二	午			
前	⺌	丷	䒑	肀	前	前	前
後	ノ	⼻	⼺	徎	移	後	後
休	ノ	⺅	⼲	什	休	休	
毎	ノ	⺅	仁	匂	匂	毎	
何	ノ	⺅	仁	何	何	何	何

III 바로바로 써 먹는 사용법

1　A：食堂（しょくどう）は何時から何時までですか。

　　B：午前11時から午後2時までです

2　今日（きょう）、銀行（ぎんこう）へ行（い）きます。会社（かいしゃ）は午後5時までです。銀行は午後3時までです。昼休みに銀行へ行きます。

3　土曜日（どようび）、どこも行（い）きません。休みます。昼（ひる）まで寝（ね）ます。

척척 한자 박사

| 정리 |

	～年	～月	～週	～日	～朝	～晩
今～	今年	今月	今週	今日	今朝	今晩
毎～	毎年	毎月	毎週	毎日	毎朝	毎晩

| 연습 Ⅰ | ( )안에 한자의 읽는 법을 써 봅시다.

1 5 分
  (ふん)

2 15 分
  (   )

3 10 分
  (   )

4 20 分
  (   )

| 연습 Ⅱ | ( )안에 시간을 한자로 쓰고 읽어봅시다.

1 （4時35分）   2 (   )   3 (   )   4 (   )

| 연습 Ⅳ | 두 개의 한자가 합쳐져서 어떤 단어가 되는지 써 봅시다.

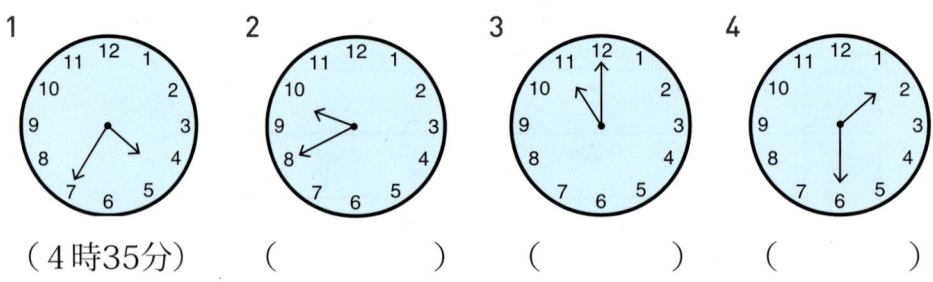

1 午 + 前 → 午前
   午 + 後 → □

2 昼 + 休み → □
   夏*1) + 休み → 夏休み*2)
                 なつやす

3 毎 + 日 → 毎日
   毎 + 朝 → □
   毎 + 晩 → 毎晩

4 今 + 日 → 今日
   今 + 朝 → 今朝
   今 + 晩 → □

* 1) 夏 여름 * 2) 夏休み 여름방학

Lesson 5

| 行 | 来 | 校 | 週 | 去 | 年 |
| 駅 | 電 | 車 | 自 | 転 | 動 |

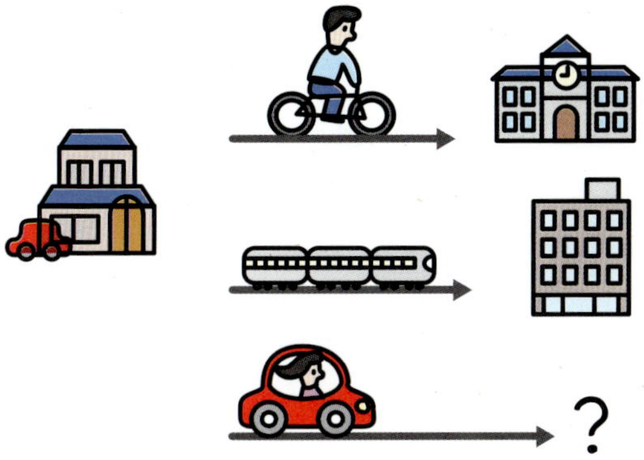

自転車で学校へ行きます。

電車で会社へ行きます。

自動車でどこへ行きますか。

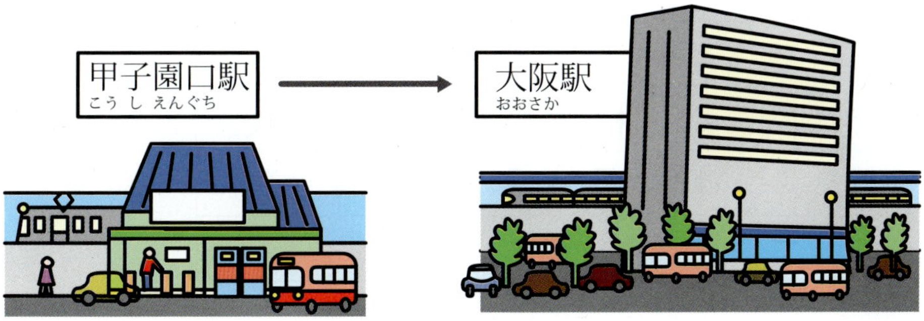

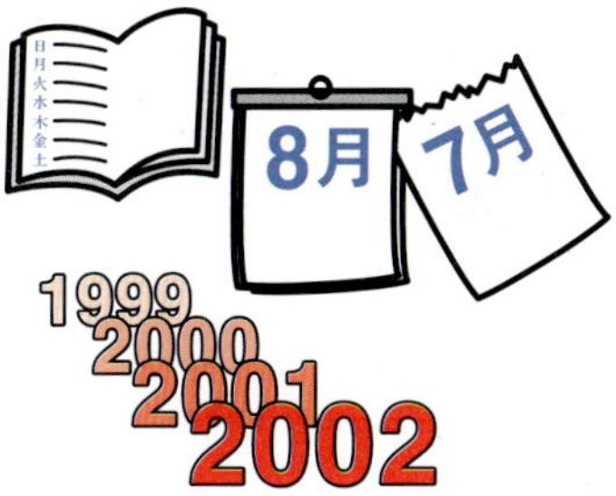

甲子園口駅 → 大阪駅
こうしえんぐち　　おおさか

	週			週			週
先	月		今	月		来	月
去	年			年			年

いつ日本へ来ましたか。
　　にほん

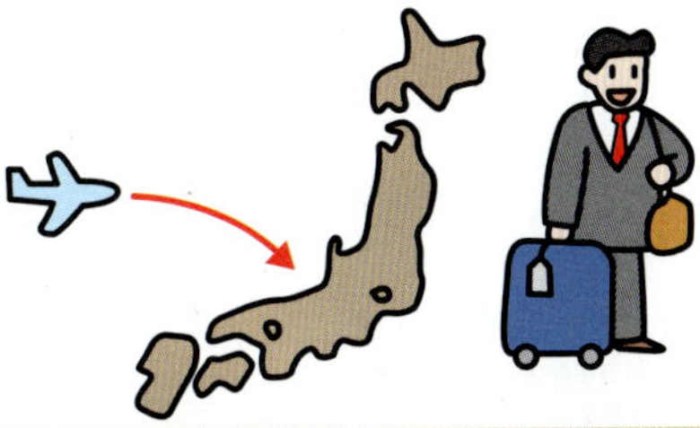

5-A 行 来 校 週 去 年

I 술술 읽는 법 익히기

1 行きます　銀行へ行きます　2 来ます　日本へ来ました
　　い　　　　ぎんこう い　　　　　　き　　　　　にほん　き

3 学校　学校へ行きます　4 先週　今週　来週
　がっこう　がっこう い　　　　せんしゅう　こんしゅう　らいしゅう

5 去年　今年　来年　6 来週　来月　来年
　きょねん ことし らいねん　らいしゅう らいげつ らいねん

II 쓱쓱 쓰는 법 익히기

行	ノ	ク	彳	彳	行	行
来	一	一	一	平	来	来
校	十	木	朳	杧	栌	校
週	ノ	刀	用	周	周	週
去	一	十	土	去	去	
年	ノ	一	仁	仨	年	

III 바로바로 써 먹는 사용법

1　ワンさんは 中国人です。去年、日本へ来ました
　　　　　　　　ちゅうごくじん　　　にほん

2　今年は 中国へ帰りませんでした。来年は帰ります。
　　　　ちゅうごく かえ

3　来月、日本へ行きます。来月から日本語学校の学生です。
　　　　にほん　　　　　　　　　　　にほんご　がくせい

4　今週まで学校は休みです。来週から学校へ行きます
　　　　　　　　やす

5　先週の日曜日、京都へ行きました。友達と電車で行きました。
　　　　にちようび　きょうと　　　　　ともだち でんしゃ

　　わたしは大阪駅へ9時に行きました。友達は10時に来ました。
　　　　　おおさかえき　じ

5-B　駅　電車　自転　動
　　　　　56　57　58　59　60　61

I 술술 읽는 법 익히기

1　駅　　東京駅
　　えき　とうきょうえき

2　電車
　　でんしゃ

3　自転車
　　じてんしゃ

4　自動車
　　じどうしゃ

II 쓱쓱 쓰는 법 익히기

駅	丨	厂	丌	馬	馬	馹	駅
電	一	冖	币	雨	雨	雷	電
車	一	厂	盲	亘	百	亘	車
自	ノ	丨	冂	白	白	自	
転	一	亘	亘	車	転	転	転
動	一	二	亘	重	重	動	動

III 바로바로 써 먹는 사용법

1　A：あれは山田さんの自動車ですか。
　　　　　　やまだ

　　B：ええ。今日は自動車で来ました。
　　　　　　きょう　　　　　　き

2　わたしは自転車で学校へ来ます。友達は電車で来ます。
　　　　　じてんしゃ　がっこう　き　　ともだち　でんしゃ　き

3　来週、東京へ行きます。新大阪駅まで地下鉄で行きます。
　　らいしゅう　とうきょう　い　しんおおさか　　ちかてつ

　　東京駅まで新幹線で行きます。
　　　　　　　しんかんせん

4　わたしは日曜日、一人で京都へ行きました。電車で行きました。
　　　　　にちようび　ひとり　きょうと　い　　　　でんしゃ

　　友達は日曜日、彼と京都へ行きました。自動車で行きました。
　　ともだち　　　　かれ

Lesson 5 _45

척척 한자 박사

연습 I 밑줄 친 한자의 읽는 법이 다른 것은 어느 것입니까?

1. a. <u>今</u>晩　　b. <u>今</u>週　　c. <u>今</u>
2. a. <u>来</u>月　　b. <u>来</u>週　　c. <u>来</u>ます
3. a. 去<u>年</u>　　b. 今<u>年</u>　　c. 来<u>年</u>
4. a. 今<u>月</u>　　b. 5<u>月</u>　　c. <u>月</u>曜日

연습 II 빈 칸에 알맞는 단어를 써 봅시다.

1. 先 / 今 / 来 + 週 → 先週 / 今週 / ___
2. 先 / 今 / 来 + 月 → ___ / 今月 / 来月
3. 去 / 今 / 来 + 年 → 去年 / ___ / 来年

연습 III 빈 칸에 알맞는 단어를 골라 넣어 봅시다.

1. あした、___ で 図書館(としょかん)へ 行きます。
2. 毎朝(まいあさ)、電車 で ___ へ 行きます。
3. ___ 飛行機(ひこうき)で 日本(にほん)へ 来ました。

[自転車] [去年] [学校]

읽기　　　　　　　　　　　　　　　　　金曜日

　ここは学校です。わたしはバスで来ます。友達(ともだち)は自転車で来ます。わたしたちの先生は自動車で来ます。今、8時20分です。勉強(べんきょう)は8時半からです。今日、勉強は3時半までです。あしたは土曜日です。あした、山川さんと京都(きょうと)へ行きます。

한자 달인 1

연습 I ☐ 안에 알맞은 한자어를 보기에서 골라 넣어봅시다.

예 **보기** 四百円　七千円　五万円

　この時計は　☐五万円☐　です。
　　　とけい　　ごまんえん

1 **보기** 　火　水　日　月　年

　今日は 8 ☐ 25 ☐ です。☐ 曜日です。
　　　　　　がつ　　　にち　　　　すい

2 **보기** 銀行員　会社員　学生　先生　医者

　佐藤さんは ☐　　　　☐ です。ワットさんは ☐　　　　☐ です。
　さとう　　　かいしゃいん　　　　　　　　　　　　せんせい

　カリナさんは ☐　　　☐ です。
　　　　　　　　がくせい

3 **보기** 　月　日　時　分　今

　A：☐ 、何時ですか。
　　　いま

　B：12 ☐ 15 ☐ です。
　　　　じ　　ふん

4 [보기] 今日　今朝　今晩

あしたは休みです。 [　今晩　]から彼女と京都へ行きます。
　　　　　　　　　　こんばん　　かのじょ　きょうと　い

5 [보기] 電車　自転車　自動車

毎日、学校へ行きます。駅まで [　自転車　] で行きます。
　　　　　　　　　　　　　　　　じてんしゃ

駅から [　電車　] で行きます。
　　　　でんしゃ

6 [보기] 去年　今年　来年

[　今年　] の４月に日本へ来ました。
　ことし

[보기] 先週　今週　来週

[　来週　]、中国へ帰ります。
　らいしゅう　　　　かえ

정리	한자의 형태
연습Ⅱ	한자를 써 봅시다.

1 前　前　員　~~毎~~　去　学　電

例　わたしは 毎 日、7時に起きます。
　　　　　　まい にち　　　　　　お

1)　□ 年の6月に日本へ来ました。
　　きょ ねん

2)　□ 車で会社へ行きます。
　　でん しゃ

3)　□ 校は8時半から3時までです。
　　がっ こう

2 晩　晩　休　行　後　朝　転

1)　毎 □ 、11時に寝ます。
　　まい ばん　　　　　ね

2)　今日の午 □ 、東京へ □ きます。
　　　　　 ご ご　　とうきょう　 い

3)　会社は日曜日、□ みです。
　　　　　　　　　 やす

읽기

　わたしはチャンです。先月、中国から来ました。今、さくら大学の学生です。

　わたしは月曜日から金曜日まで大学へ行きます。自転車で行きます。午前、8時50分から12時まで勉強(べんきょう)します。昼休みに友達(ともだち)と大学の食堂(しょくどう)へ行きます。午後、1時から4時10分まで勉強します。

　土曜日と日曜日は休みです。先週の土曜日、一人(ひとり)で図書館(としょかん)へ行きました。来週の日曜日、日本人の友達と山(やま)*へ行きます。

＊山 산
　やま

Lesson 6

高 安 大 小
新 古 青 白 赤 黒

高いですね。

安いですね。

大きいプレゼントをもらいました。　　小さいプレゼントをもらいました。

新しい　　　　　　　　　　　古い

青い　　　白い　　　赤い　　　黒い

6-A　高 安 大 小
<small>62　63　64　65</small>

I　술술 읽는 법 익히기

1　高い山
　　たか　やま

2　高いカメラ　　安いカメラ
　　たか　　　　　やす

3　大学　　大学生
　　だいがく　だいがくせい

4　大きい町　　小さい町
　　おお　まち　　ちい　まち

5　°車　　車で行きます
　　くるま　くるま　い

II　쓱쓱 쓰는 법 익히기

高	丶	亠	亠	古	戸	亯	高
安	丶	丷	宀	灾	安	安	
大	一	ナ	大				
小	亅	小	小				

III　바로바로 써 먹는 사용법

1　大阪は大きい町です。高いビルがたくさんあります。
　　おおさか　　　まち

2　わたしの会社は20階と地下にレストランがあります。20階のレストランは
　　　　　　かいしゃ　　かい　ちか
　　高いです。地下のレストランは安いです。

3　富士大学は小さい大学です。大学の食堂のコーヒーは安いです。
　　ふじ　　　　　　　　　　　　　　しょくどう

4　カリナさんは大学生です。毎日、車で大学へ行きます。
　　　　　　　　　　　　　　まいにち　　　　　　い

° 표시가 있는 한자어는 한자로서는 이미 학습했지만, 이 한자어로서는 처음 공부하는 것입니다.

6-B　新 古 青 白 赤 黒

I 술술 읽는 법 익히기

1　新しいカメラ　　古いカメラ
　　あたら　　　　　ふる

2　新聞　　今日の新聞
　　しんぶん　きょう　しんぶん

3　青いシャツ　　白いシャツ　　赤いシャツ　　黒いシャツ
　　あお　　　　　しろ　　　　　あか　　　　　くろ

II 쓱쓱 쓰는 법 익히기

新	亠	立	辛	亲	新	新	新
古	一	十	古	古	古		
青	一	十	丰	主	青	青	青
白	ノ	イ	白	白	白		
赤	一	十	土	于	亦	赤	赤
黒	丶	日	甲	里	黒	黒	黒

III 바로바로 써 먹는 사용법

1　イギリスの古い町へ行きました。そして、新しいかばんを買いました。
　　　　　　　まち い　　　　　　　　　　　あたら　　　　　　　か
　安い飛行機で行きました。
　やす　ひこうき

2　近くに古いうちがあります。今、6月です。庭に赤い花や青い花があり
　　ちか　ふる　　　　　　　　　いま　がつ　　にわ　あか　はな　あお　はな
　ます。黒い犬と白い猫がいます。
　　　　　くろ いぬ　しろ ねこ

3　駅で英語の新聞を買いました。
　　えき　えいご　しんぶん　か

Lesson 6 _53

척척 한자 박사

| 정리 |

| 연습 I | 빈 칸에 들어갈 반대말을 골라 넣어 봅시다.

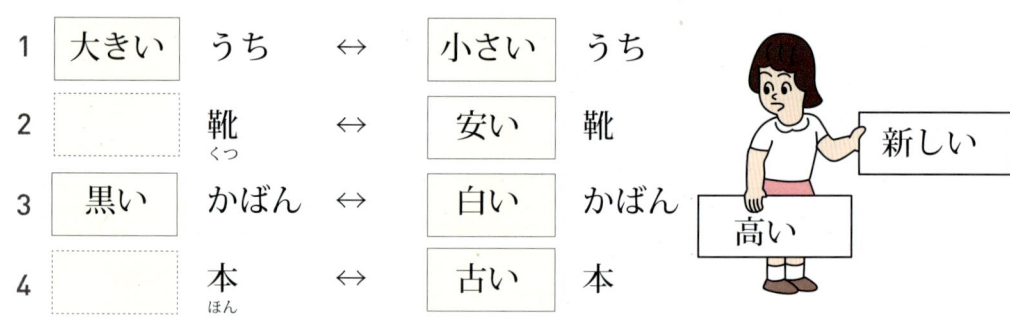

| 연습 II | 같은 형태는 어디 있나요? 선으로 연결해 봅시다.

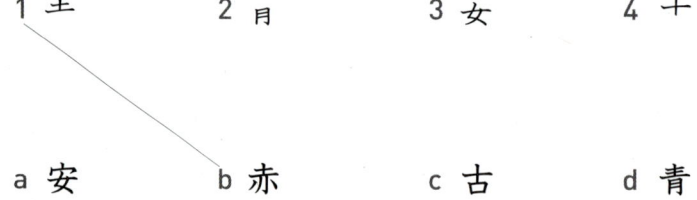

*1) 高校 고등학교 *2) 高校生 고등학생 *3) 中学校 중학교 *4) 中学生 중학생
*5) 小学校 초등학교 *6) 小学生 초등학생

II. 2. 高い 4. 新しい   III. 1. d 2. d 3. a 4. c

Lesson 7

上　下　父　母　子　手　好
主　肉　魚　食　飲　物

手の上 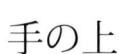　　車の下
くるま

上手です。　　下手です。

わたしはビールが好きです。
主人はワインが好きです。

父と母

7-A 上 下 父 母 子 手 好
72　73　74　75　76　77　78

I 술술 읽는 법 익히기

1　机の上　　ベッドの下
　　つくえ うえ　　　　　した

2　父　　お父さん
　　ちち　　　とう

3　母　　お母さん
　　はは　　　かあ

4　子ども
　　こ

5　手　　大きい手
　　て　　おお　　て

6　上手です　　下手です
　　じょうず　　　　へた

7　好きです
　　す

8　木　　大きい木
　　き　　おお　　き

II 쓱쓱 쓰는 법 익히기

上	丨	卜	上			
下	一	丁	下			
父	ノ	ハ	グ	父		
母	㇑	日	日	日	母	
子	㇇	了	子			
手	ノ	二	三	手		
好	く	夕	女	好	好	好

III 바로바로 써 먹는 사용법

1　木の上に子どもがいます。木の下に犬がいます。
　　　　　　　　　　　　　　　　　　　　　いぬ

2　山田さんのお父さんは歌が下手です。でも、カラオケが好きです。
　　やまだ　　　　　　　うた

3　父は料理が上手です。日曜日は母と料理をします。
　　　　りょうり　　　　　にちようび

4　父の手は大きいです。そして温かいです。
　　　　　　おお　　　　　　　　あたた

7-B 主 肉 魚 食 飲 物

I 술술 읽는 법 익히기

1. 主人（しゅじん）　山田（やまだ）さんのご主人（しゅじん）
2. 肉（にく）と魚（さかな）
3. パンを食（た）べます
4. ○何（なに）を飲（の）みますか
5. 物（もの）　好（す）きな物（もの）
6. 食（た）べ物（もの）　飲（の）み物（もの）
7. ○朝（あさ）ごはん　○昼（ひる）ごはん　○晩（ばん）ごはん
8. ○水（みず）　水（みず）を飲（の）みます

II 쓱쓱 쓰는 법 익히기

主	丶	亠	宀	主	主		
肉	丨	冂	内	内	肉	肉	
魚	丿	夕	产	鱼	角	魚	魚
食	人	𠆢	今	今	㐭	食	食
飲	丿	𠆢	今	食	食	飮	飲
物	丿	ノ	牛	牛	牛	牞	物

III 바로바로 써 먹는 사용법

1. 主人（しゅじん）は毎晩（まいばん）ビールを飲（の）みます。山田（やまだ）さんのご主人（しゅじん）はお酒（さけ）を飲（の）みません。
2. わたしは魚（さかな）が好（す）きです。肉（にく）は好きじゃありません。
3. 冷蔵庫（れいぞうこ）に飲（の）み物（もの）がたくさんあります。食（た）べ物（もの）はありません。
4. 大学（だいがく）の食堂（しょくどう）で昼（ひる）ごはんを食（た）べます。安（やす）いです。
5. 今日（きょう）は暑（あつ）いです。冷（つめ）たい水（みず）をたくさん飲（の）みました。

척척 한자 박사

정리	
食べます ＋ 物 → 食べ物	
飲みます ＋ 物 → 飲み物	
朝 ＋ ごはん → 朝ごはん	
昼 ＋ ごはん → 昼ごはん	
晩 ＋ ごはん → 晩ごはん	

연습 빈 칸에 알맞는 단어를 골라 넣어 봅시다.

1. 朝ごはん を食べます
2. コーヒー を飲みます
3. ___ を飲みます
4. ___ を食べます
5. 魚 を食べます

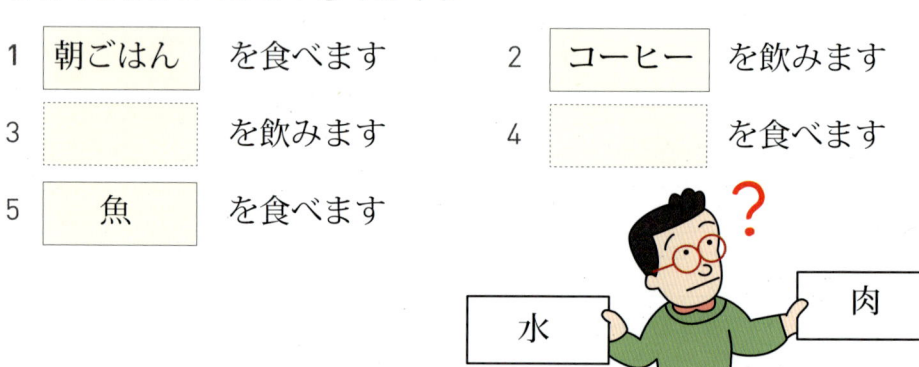

읽기

楽(たの)しい土曜日

わたしは音楽(おんがく)が好きです。主人も音楽が好きです。主人は3歳(さい)からピアノを習(なら)いました。ピアノが上手です。きのう、友達(ともだち)にピアノのコンサートのチケットをもらいました。来週の土曜日、主人といっしょに行きます。そして、レストランで晩ごはんを食べます。それから、カラオケへ行きます。わたしは歌(うた)が下手ですが、カラオケが好きです。土曜日は楽(たの)しいです。

Lesson 8

近 間 右 左
外 男 女 犬

右に木があります。
左に花があります。
男の人は外にいます。
男の人と女の人の間に犬がいます。

8-A　近 間 右 左
　　　　　　85　86　87　88

I　술술 읽는 법 익히기

1　近く　　近くのスーパー
　　ちか　　ちか

2　間　　本屋と花屋の 間
　　あいだ　ほんや　はなや　あいだ

3　時間　　時間がありません
　　じかん　じかん

4　右　　左　　ドアの右
　　みぎ　ひだり　　みぎ

5　ドアの°前　　いすの°後ろ
　　　　　まえ　　　　　うし

II　쓱쓱 쓰는 법 익히기

近	´	⺅	㇟	斤	沂	沂	近
間	丨	冂	冂	門	門	門	間
右	ノ	ナ	ナ	右	右		
左	一	ナ	左	左	左		

III　바로바로 써 먹는 사용법

1　駅の近くにスーパーがあります。スーパーで肉と野菜を買います。近く
　　えき　　　　　　　　　　　　　　　　　　　にく　やさい　か

　の魚屋で魚を買います。魚屋は本屋と花屋の間にあります。大学の前
　　さかなや　さかな　　　　　　ほんや　はなや　　　　　　だいがく

　の本屋で本を買います。安いです。
　　　　　ほん　　　　やす

2　朝、時間がありません。だから*、朝ごはんを食べません。
　　あさ　　　　　　　　　　　　　　あさ　　　　た

3　ドアの右に電気のスイッチがあります。テレビの上です。
　　　　　　でんき　　　　　　　　　　　　　　うえ

4　A：田中さんの後ろの人はだれですか。
　　　　たなか　　　　　ひと

　　B：ミラーさんです。

＊だから 따라서, 그 결과, 그러므로

8-B 外 男 女 犬

I 술술 읽는 법 익히기

1 外   部屋の外
   そと へや そと

2 男の人   男の子
   おとこ ひと おとこ こ

3 女の人   女の子
   おんな ひと おんな こ

4 犬   白い犬
   いぬ しろ いぬ

5 °中   かばんの中
   なか   なか

II 쓱쓱 쓰는 법 익히기

外	丿	ク	タ	タト	外		
男	丨	口	曰	甲	田	甼	男
女	乀	夂	女				
犬	一	ナ	大	犬			

III 바로바로 써 먹는 사용법

1 うちの中に猫がいます。うちの外に犬がいます。
       ねこ

2 外は寒いです。だれもいません。
      さむ

3 テレサちゃんの先生は元気な男の人です。
           せんせい げんき

4 きのう、ミラーさんのうちへ行きました。机の上にきれいな女の人の
                    い   つくえ うえ
   写真がありました。
   しゃしん

5 あの女の子はテレサちゃんです。あの男の子は太郎君です。
                         たろうくん

척척 한자 박사

연습 I 빈 칸에 반대말을 골라 넣어 봅시다.

1. 前 ↔ 後ろ
2. ☐ ↔ 下(した)
3. 中 ↔ ☐
4. 男 ↔ ☐
5. ☐ ↔ 左
6. 近く ↔ 遠く*1)(とお)

女　　上(うえ)　　右　　外

연습 II 그림을 보고 빈 칸에 들어갈 알맞은 단어를 골라 넣어 봅시다.

1. 鼻*2)(はな)は目*3)(め)と目の ☐ にあります。　（間　前　上(うえ)）
2. 目(め)は鼻(はな)の 右 と ☐ にあります。　（下(した)　左　後ろ）
3. うちの ☐ に猫(ねこ)がいます。　（中　左　前）
4. 犬はうちの 外 にいます。　（中　外　下(した)）
5. うちの ☐ に川(かわ)があります。　（前　上(うえ)　間）
6. うちの 後ろ に山(やま)があります。　（前　後ろ　中）

*1) 遠く: 멀리, 아득히　*2) 鼻코　*3) 目눈

Lesson 9

書 聞 読 見 話
買 起 友 達

わたしの一日（いちにち）

6時（じ）に起きます　　ごはんを食（た）べます　　新聞を読みます

働（はたら）きます　　音楽（おんがく）を聞きます。　　会社（かいしゃ）へ行（い）きます。

電話をかけます。　　パンを買います。　　帰ります。

11時（じ）に寝（ね）ます　　テレビをみます。

9-A 書 聞 読 見 話

Ⅰ 술술 읽는 법 익히기

1　手紙を書きます
　　てがみ　か

2　CDを聞きます
　　　　　　き

3　新聞を読みます
　　しんぶん　よ

4　ビデオを見ます
　　　　　　　み

5　電話　　電話をかけます
　　でんわ　　でんわ

Ⅱ 쓱쓱 쓰는 법 익히기

書	一	一	ヨ	ヨ	聿	聿	書
聞	门	门	門	門	門	聞	聞
読	丶	言	言	計	詩	詩	読
見	丨	冂	月	目	目	貝	見
話	丶	言	言	言	計	訐	話

Ⅲ 바로바로 써 먹는 사용법

1　学生は毎週 レポートを書きます。先生は毎月レポートを読みます。
　　がくせい　まいしゅう　　　　　　　　せんせい　まいつき

2　友達にCDを借りました。今晩、部屋でCDを聞きます。
　　ともだち　　　か　　　　　こんばん　へや　　　　　き

3　A：きのうの新聞はどこですか。

　　B：テーブルの下にありますよ。
　　　　　　　　した

4　ワンさんは毎晩、国に電話をかけますから、お金がありません。
　　　　　　　まいばん　くに　でんわ　　　　　　　かね

5　ミラーさんは毎晩、テレビを見ます。あまり新聞を読みません。
　　　　　　　　まいばん　　　　　み　　　　　　しんぶん　よ

6　日曜日に大阪城へ行きました。そして、桜の花を見ました。
　　にちようび　おおさかじょう　い　　　　　　さくら　はな　み

9-B 買 起 帰 友 達

I 술술 읽는 법 익히기

1　パンを買います
　　　　か

2　6時に起きます
　　じ　お

3　7時に帰ります
　　じ　かえ

4　友達　　大学の友達
　　ともだち　だいがく　ともだち

5　○会います　　友達に会います
　　あ　　　　　ともだち　あ

6　○時々
　　　ときどき

II 쓱쓱 쓰는 법 익히기

買	冂	皿	罒	罒	罒	買	買
起	土	耂	赱	走	起	起	起
帰	｜	リ	尸	尸	帰	帰	帰
友	一	ナ	方	友			
達	土	耂	查	幸	㒰	達	達

III 바로바로 써 먹는 사용법

1　パソコンを買いました。そして、パソコンで絵をかきました。
　　　　　　　か　　　　　　　　　　　　　　え

2　きのう友達に会いました。そして、いっしょにお酒を飲みました。
　　　　ともだち　あ　　　　　　　　　　　　　さけ　の

3　夜、11時にうちへ帰りました。
　　よる　　じ　　　　　かえ

4　今日は日曜日です。だから、10時に起きました。
　　きょう　にちようび　　　　　　　　じ　お

5　時々、駅でスポーツ新聞を買います。そして、電車の中で読みます。
　　ときどき　えき　　　　　しんぶん　か　　　　　　　でんしゃ　なか　よ

Lesson 9 _65

척척 한자 박사

연습 I 빈 칸에 알맞은 말을 골라 넣어 봅시다.

1. 駅で友達に　会います　　　（会います　買います）
2. スーパーで牛乳を　□　　　（買います　会います）
3. 部屋で本を　□　　　　　　（読みます　飲みます）
4. 友達と映画を　□　　　　　（見ます　読みます）
5. 毎朝、6時に　□　　　　　（起きます　書きます）
6. 8時にうちへ　□　　　　　（買います　帰ります）

연습 II 빈 칸에 알맞은 한자어를 써 봅시다.

1. 言＋売　読　　　本を　読　みます
2. 言＋舌　話　　　電　□　をかけます
3. 門＋耳　□　　　CDを　聞　きます
4. 罒＋貝　□　　　カメラを　買　います
5. 辶＋幸　達　　　友　□　に会います
6. 走＋己　起　　　7時に　□　きます

읽기

地震*1)

朝、ラジオで国の地震のニュース*2)を聞きました。駅で新聞を買いました。電車の中で読みました。そして国の友達に電話をかけました。それから、スーパーへ行きました。食べ物や飲み物を買いました。国に送りました。

Lesson 10

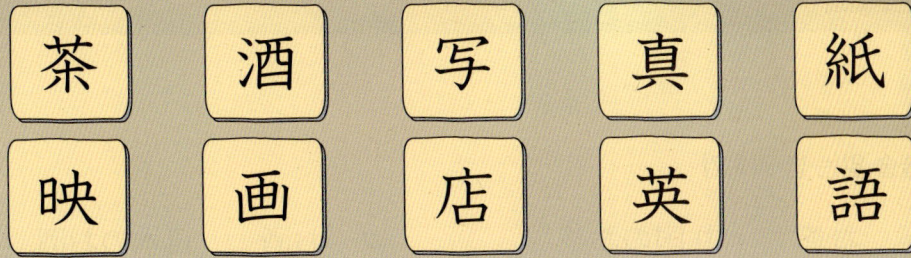

この店でお茶を飲みました。

それから、映画を見ました。

そして、国の家族に手紙と写真を送りました。

10-A　茶　酒　写　真　紙

I 술술 읽는 법 익히기

1　お茶　　中国のお茶
　　　　　ちゅうごく　ちゃ

2　お酒　　日本のお酒
　　さけ　　にほん　さけ

3　写真　　旅行の写真
　　しゃしん　りょこう　しゃしん

4　紙　　手紙
　　かみ　てがみ

II 쓱쓱 쓰는 법 익히기

茶	一	艹	艾	苎	苤	茶	茶
酒	氵	氵	沂	沔	洒	酒	酒
写	冖	冖	冖	写	写		
真	十	广	市	肯	盲	直	真
紙	幺	幺	糸	紅	紅	紙	紙

III 바로바로 써 먹는 사용법

1　わたしは中国のお茶が好きです。中国のお酒はあまり好きじゃありません。
　　ちゅうごく　　　す　　　　　　　　　　　　　　　　　　　　

2　京都へ行きました。そして、たくさん写真をとりました。
　　きょうと　い

　パソコンで友達に京都の写真を送りました。
　　　　　ともだち　　　　　　おく

3　絵をかきます。白い紙をください。
　　え　　　　　しろ

4　友達に手紙をもらいました。友達は来週、日本へ来ます。
　　ともだち　てがみ　　　　　　　　　らいしゅう　にほん　き

10-B 映画店英語

I 술술 읽는 법 익히기

1. 映画（えいが）　アメリカ映画（えいが）
2. 店（みせ）　高い店（たかい みせ）　安い店（やすい みせ）
3. 英語（えいご）　中国語（ちゅうごくご）　日本語（にほんご）

II 쓱쓱 쓰는 법 익히기

映	丨	日	日'	町	明	映	映
画	一	冂	丌	币	由	画	画
店	丶	亠	广	广	庐	庐	店
英	一	十	艹	艹	艹	苩	英
語	丶	亠	言	訂	許	語	語

III 바로바로 써 먹는 사용법

1. 日曜日（にちようび）に映画（えいが）を見（み）ました。それから喫茶店（きっさてん）でお茶（ちゃ）を飲（の）みました。夜（よる）はフランス料理（りょうり）の店（みせ）で晩（ばん）ごはんを食（た）べました。

2. イギリスの映画（えいが）を見（み）ます。英語（えいご）の新聞（しんぶん）を読（よ）みます。英語の勉強（べんきょう）です。

3. ミラーさんは日本語（にほんご）で手紙（てがみ）を書（か）きます。日本語で電話（でんわ）をかけます。日本語で仕事（しごと）をします。ミラーさんは日本語が上手（じょうず）です。

척척 한자 박사

연습 I   빈 칸에 알맞은 말을 골라 넣어 봅시다.

1　(本　手紙　映画)　　| 本 / 手紙 |　を読みます
2　(手紙　本　写真)　　| / |　を書きます
3　(音楽　写真　映画)　| / |　を見ます
4　(お茶　店　お酒)　　| / |　を飲みます
5　(写真　映画　英語)　| 写真 / 映画 |　をとります

연습 II   같은 형태는 어떤 것 입니까?

1　映　時　　　　　(日)
2　話　読　語　　　(　)
3　茶　英　　　　　(　)

읽기　　　　　　　　　　　　　　　　　　　　　　お茶とお酒

イギリスのお茶と中国のお茶は少し違(ちが)います。でも、どちらも*1)赤いです。日本のお茶は緑色(みどりいろ)*2)です。中国のお酒と日本のお酒も違います。中国のお酒は赤いですが、日本のお酒は赤くないです。

*1) どちらも＝모두 다 　 *2) 綠色＝녹색, 초록색

정답: I 1. 2.手紙／本 3.写真／本 4.お茶／お酒 II 2.言 3.艹

한자 달인 2

연습 I 반대말을 보기에서 골라 써 봅시다.

1 | 보기 | 男の子　中　下　母　左　ご主人　前

예) 上　↔　下

1) 外　↔
2) 右　↔
3) 後ろ　↔
4) 女の子　↔
5) 父　↔
6) 奥さん　↔
　　　　おく

2 | 보기 | 高い　古い　好きな　安い　小さい　上手な

1) 大きい　↔
2) 高い　↔
3) 新しい　↔
4) 低い　↔
　　　　　　　ひく
5) 嫌いな　↔
　　きら
6) 下手な　↔

정리 한자의 형태

연습 II 한자를 써 봅시다.

1 | 左　左　右　友　店　有　屋 |
　　　　　　　　　　　　149　211

예) 大学の近くに 有 名なレストランがあります。
　　だいがく　　　ゆうめい

1) きのう、□達とフィリピンの映画を見ました。
　　　　　とも だち

2) わたしの車はあの木の□にあります。赤い車です。
　　　　　　　　　　　　みぎ

3) 今日は水曜日ですから、駅前*の □ は休みです。
　　きょう　すいようび　　　　　えきまえ　　みせ　　　やす

2 | 近 | 近 週 起 送 道 建 |

例 1) わたしは先 □ 、日本へ来ました。
　　　　　　せんしゅう　にほん　き

2) うちの □ くに大きい本屋があります。
　　　　　ちか　　　　　　ほんや

3) わたしは毎朝、6時に □ きます。
　　　　　まいあさ　じ　　お

3 | 間 | 間 円 聞 同 開 閉 |

例 1) コーヒーは400 □ です。紅茶は350 □ です。
　　　　　　　　　　えん　　　こうちゃ　　　　えん

2) 音楽が好きです。毎晩、CDを □ きます。
　　おんがく　　　まいばん　　　　き

3) 時 □ がありませんから、タクシーで行きましょう。
　　じ　かん　　　　　　　　　　　　　い

*駅前 역 앞
　えきまえ

| 정리・연습 | 다음 단어의 뜻을 아나요?

- 食べ物＝肉、魚、野菜(やさい)、果物(くだもの)、ごはん、パン、甘い物(あま)*1)、…
- 飲み物＝水、お茶、紅茶(こうちゃ)、コーヒー、ジュース、ビール、…
- 趣味(しゅみ)*2)＝スポーツ、映画、音楽(おんがく)、写真、旅行(りょこう)*3)、読書(どくしょ)*4)、…

| 읽기 |

わたしの好きな物*5)

わたしは魚が大好き(だいすき)*6)です。毎日、食べます。そして、野菜(やさい)と果物(くだもの)も好きです。でも、肉はあまり好きではありません。飲み物は日本のお茶が好きです。お酒も時々飲みます。ビールとワインが好きです。

スポーツはサッカーが好きです。日曜日、時々サッカーをします。そして、映画も好きです。音楽(おんがく)も聞きます。特に(とく)*7)、アジア*8)の映画と音楽が好きです。

*1) 甘い物(あま) 단 것   *2) 趣味(しゅみ) 취미   *3) 旅行(りょこう) 여행   *4) 読書(どくしょ) 독서   *5) わたしの好きな物 내가 좋아하는 것
*6) 大好きな(だいす) 매우 좋아하는   *7) 特に(とく) 특히   *8) アジア 아시아

| 쓰기 | 여러분은 무엇을 좋아하나요? 써 보세요.

わたしの好きな物

Lesson 11

送　切　貸　借　旅
教　習　勉　強　花

みどり図書館
貸します　借ります

習います　教えます

送ります

花

11-A 送 切 貸 借 旅
113 114 115 116 117

I 술술 읽는 법 익히기

1　プレゼントを送ります
　　　　　　　おく

2　肉を切ります
　　にく　き

3　50円切手
　　えんきって

4　友達にCDを貸します
　　ともだち　　　か

5　友達に本を借ります
　　ともだち　ほん　か

6　旅行　　旅行します
　　りょこう　りょこう

7　°お金　　わたしのお金
　　かね　　　　　　かね

8　1°時間　　1°時間半
　　じかん　　　じかんはん

9　1°日　　1°週間　　1°か月　　1°年
　　にち　　しゅうかん　　げつ　　ねん

II 쓱쓱 쓰는 법 익히기

送	ソ	二	关	关	关	送	送
切	一	七	切	切			
貸	イ	仁	代	代	伐	咎	貸
借	イ	仁	伊	伴	借	借	借
旅	亠	宀	方	ガ	斿	旅	旅

III 바로바로 써 먹는 사용법

1　80円切手を買いました。友達に旅行の写真を送ります。
　　えん　　か　　　　　　ともだち　りょこう　しゃしん

2　ちょっとはさみを貸してください。紙を切ります。
　　　　　　　　　か　　　　　　　かみ　き

3　先週、友達に旅行の本を借りました。そして、うちで読みました。
　　せんしゅう　ともだち　りょこう　ほん　か　　　　　　　　　　　よ

11-B 　教　習　勉　強　花

I 술술 읽는 법 익히기

1　日本語を教えます
　　にほんご　　おし

2　友達にパソコンを習います
　　ともだち　　　　　なら

3　勉強　　日本語を勉強します
　　べんきょう　にほんご　べんきょう

4　花　　赤い花
　　はな　あか　はな

5　○外国　　○外国人　　○外国語
　　がいこく　がいこくじん　がいこくご

II 쓱쓱 쓰는 법 익히기

教	土	耂	孝	孝	孝	教	教
習	ㄱ	ㄱ	ㅋ	羽	羽	習	習
勉	ク	名	免	免	免	勉	勉
強	ㄱ	ㄱ	弓	弘	弥	強	強
花	一	十	艹	艹	花	花	花

III 바로바로 써 먹는 사용법

1　兄はニューヨークで映画の勉強しています。そして、日本語を教えています。
　　あに　　　　　　　　えいが　　べんきょう　　　　　　　　　　にほんご　　おし

2　わたしは3週間、ダンスを習いました。でも、まだ下手です。
　　　　　　しゅうかん　　　　　　なら　　　　　　　　　　　へた

3　今日は彼女の誕生日です。これからデパートへ花を買いに行きます。
　　きょう　かのじょ　たんじょうび　　　　　　　　　　　　はな　か　　い

4　パワー電気に外国人が9人います。
　　　　　　でんき　がいこくじん　にん

5　山田さんのお兄さんは外国に住んでいます。
　　やまだ　　　にい　　　がいこく　す

Lesson 11 _77

 척척 한자 박사

| 정리 |

 五つ    二人

1	2	3	4	5	6
一 いち	二 に	三 さん	四 し／よん	五 ご	六 ろく
一つ ひと(つ)	二つ ふた(つ)	三つ みっ(つ)	四つ よっ(つ)	五つ いつ(つ)	六つ むっ(つ)
一人 ひとり	二人 ふたり	三人 さんにん	四人 よにん	五人 ごにん	六人 ろくにん

7	8	9	10	11	12
七 しち／なな	八 はち	九 きゅう／く	十 じゅう／とお	十一 じゅういち	十二 じゅうに
七つ なな(つ)	八つ やっ(つ)	九つ ここの(つ)	十 とお	十一 じゅういち	十二 じゅうに
七人 しちにん／ななにん	八人 はちにん	九人 きゅうにん／くにん	十人 じゅうにん	十一人 じゅういちにん	十二人 じゅうににん

| 연습 | 아래에서 한자어를 골라 단어를 만들어 보세요.

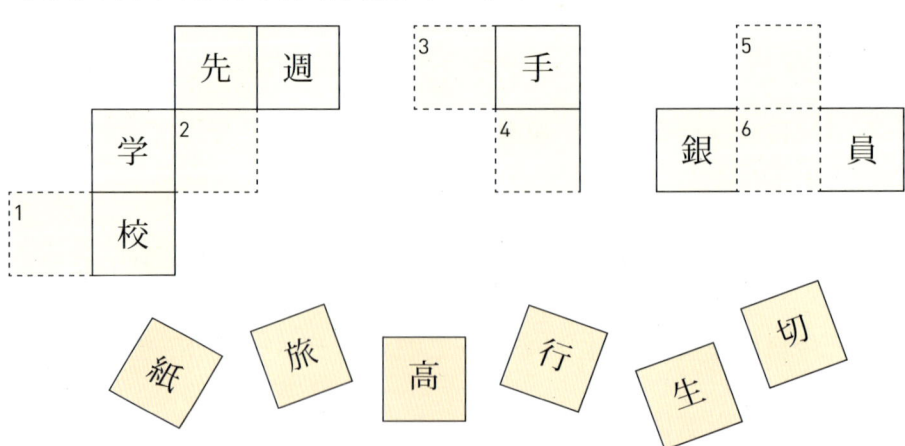

정답: 1. 高 2. 末 3. 切 4. 紙 5. 行

Lesson 12

| 歩 | 待 | 立 | 止 | 雨 |
| 入 | 出 | 売 | 使 | 作 |

12-A　歩 待 立 止 雨

I 술술 읽는 법 익히기

1　歩いて行きます
　　あ　い
2　友達を待ちます
　　ともだち　ま
3　立ちます
　　た
4　車を止めます
　　くるま　と
5　雨　雨が降ります
　　あめ　あめ　ふ

II 쓱쓱 쓰는 법 익히기

歩	丶	𠂉	止	止	牛	歨	歩
待	丿	彳	彳	彳	待	待	待
立	丶	亠	亣	立	立		
止	丨	丄	止	止			
雨	一	冂	冂	币	雨	雨	雨

III 바로바로 써 먹는 사용법

1　わたしは毎日、歩いて学校へ行きます。友達はバスで行きます。
　　　　　　まいにち　あ　　　がっこう　い　　　ともだち

2　駅で1時間待ちました。でも、友達は来ませんでした。
　　えき　じかんま　　　　　　　ともだち　き

3　スーパーの前に子どもが立っています。雨が降っています。お母さんは
　　　　　まえ　こ　　　　た　　　　　あめ　ふ　　　　　　　かあ

　　買い物をしています。
　　か　もの

4　駅の前に車を止めました。
　　えき　まえ　くるま　と

12-B 入 出 売 使 作
128 129 130 131 132

I 술술 읽는 법 익히기

1 店に入ります
　みせ　はい

2 店を出ます
　みせ　で

3 パソコンを売ります
　　　　　　う

4 パソコンを使います
　　　　　　つか

5 晩ごはんを作ります
　ばん　　　　つく

6 ○出かけます
　　で

II 쓱쓱 쓰는 법 익히기

入	ノ	入				
出	一	十	中	出	出	
売	一	十	士	声	声	売
使	ノ	イ	亻	仁	严	使
作	ノ	イ	亻	𠆢	竹	作

III 바로바로 써 먹는 사용법

1 友達とレストランに入りました。でも、何も食べませんでした。
　ともだち　　　　　　　　　　　　　　　　なに　た

　コーヒーだけ飲みました。そして、店を出ました。
　　　　　　　　の　　　　　　　　　みせ　で

2 兄は古いワープロを売りました。そして、新しいパソコンを買いました。
　あに　ふる　　　　　う　　　　　　　　　あたら　　　　　　　　　か

3 友達に手紙を書きました。ワープロを使いました。
　ともだち　てがみ　か　　　　　　　　つか

4 きのう、うちでカレーを作りました。スパイスをたくさん使いました。
　　　　　　　　　　　　　つく　　　　　　　　　　　　　　つか

　とてもおいしかったです。

Lesson 12 _81

척척 한자 박사

연습 자연스러운 문장이 되도록 연결해 봅시다.

1 友達を（ともだち）　・　　　・　a 入ります
2 パソコンを　　　　・　　　・　b 作ります
3 レストランを　　　・　　　・　c 売ります
4 レストランに　　　・　　　・　d 止めます
5 車を（くるま）　　・　　　・　e 出ます
6 晩ごはんを（ばん）・　　　・　f 待ちます

읽기

買い物（かい もの）

先週の日曜日、大阪（おおさか）の日本橋（にっぽんばし）へパソコンを買いに行きました。雨が降（ふ）っていましたから、車で行きました。いちばん安い店は銀行（ぎんこう）の隣（となり）にありました。銀行の前で車を止めました。そして、店に入りました。店の人がたくさん立っていました。新しいパソコンを売っていました。パワー電気（でんき）のパソコンを買いました。少（すこ）し高かったです。でも、いちばんよかったです。月曜日の晩、パソコンでレポートを書きました。

정답: 1. 2.c 3.e 4.a 5.d 6.b

Lesson 13

明 暗 広 多 少
長 短 悪 重 軽 早

明るい	暗い	広い	狭い(せま)
多い	少ない	長い	短い
いい人	悪い人	重い	軽い
早い	遅い(おそ)		

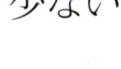

13-A　明　暗　広　多　少
133　134　135　136　137

I　술술 읽는 법 익히기

1　明るい部屋　　暗い部屋　　　　2　広い店
　　あか　へや　　くら　へや　　　　　ひろ みせ

3　人が多い　　人が少ない　　　　4　少しタイ語がわかります
　　ひと おお　　ひと すく　　　　　　すこ　　　ご

II　쓱쓱 쓰는 법 익히기

明	丨	冂	月	日	旫	明	明
暗	日	日'	旿	旿	晬	暗	暗
広	丶	亠	广	広	広		
多	丿	ク	夕	夕	多	多	
少	亅	亅丶	小	少			

III　바로바로 써 먹는 사용법

1　きのう、レストランで晩ごはんを食べました。広くて、明るい店でした。
　　　　　　　　　　　ばん　　　　た　　　　　　　　　　　　みせ
　　でも、わたしはもう少し 暗い店のほうが好きです。
　　　　　　　　　　　す

2　晩ごはんの前に、少しビールを飲みます。お酒が好きです。
　　ばん　　まえ　　　　　　　の　　　　さけ す

3　友達と花見に行きました。とてもきれいでした。でも、人が多かったです。
　　ともだち はなみ い　　　　　　　　　　　　　　　　ひと

4　わたしの町は 車 が多くて、緑 が少ないです。あまり好きじゃありませ
　　　　　　まち くるま　　　　　みどり　　す
　　ん。

13-B 長 短 悪 重 軽 早

I 술술 읽는 법 익히기

1 長い手紙　短い手紙　　2 悪い友達
　　なが　てがみ　みじか　てがみ　　　　わる　ともだち

3 重いかばん　軽いかばん　　4 時間が早い　早く帰ります
　　おも　　　　かる　　　　　　　じかん　はや　はや　かえ

5 °強いお酒
　　つよ　さけ

II 쓱쓱 쓰는 법 익히기

長	丨	厂	上	丟	長	長	長
短	亠	厶	矢	矢	知	短	短
悪	一	戸	冊	亜	严	悪	悪
重	一	二	亠	吉	盲	面	重
軽	冂	日	日	車	軺	軽	軽
早	丨	口	日	日	旦	早	

III 바로바로 써 먹는 사용법

1 わたしは髪が長いです。姉は短いです。どちらが好きですか。
　　　　　かみ　なが　　　あね　みじか　　　　　　す

2 わたしのパソコンは調子が悪いです。新しいパソコンを買わなければ
　　　　　　　　　　　　ちょうし　わる　　あたら　　　　　　か
　なりません。

3 このかばんは少し重いです。旅行の前に、もう少し軽いかばんを買いた
　　　　　　　すこ　おも　　りょこう　まえ　　　　　かる　　　　　か
　いです。

4 今日は妻の誕生日ですから、早く帰ります。
　　きょう　つま　たんじょうび　　　はや　かえ

척척 한자 박사

연습 I 빈 칸에 알맞은 말을 골라 넣어 봅시다.

明るい	部屋(へや)
人(ひと)が	多い
j 重い	かばん
1	荷物(にもつ)
i 暗い	店(みせ)
2	髪(かみ)
調子(ちょうし)が	h いい
遅い(おそ)	e 車(くるま)
天気(てんき)が	3
b 早い	d 時間(じかん)
広い	4
安い(やす)	5

- a 悪い
- b 早い
- c 軽い
- d 時間(じかん)
- e 車(くるま) 
- f 長い
- g 国(くに)
- h いい
- i 暗い
- j 重い
- k お酒(さけ)

정답 1.c 2.f 3.a 4.g 5.k

Lesson 14

便 利 元 気 親
有 名 地 鉄 仕 事

14-A 便 利 元 気 親
144 145 146 147 148

I 술술 읽는 법 익히기

1 便利なかばん
  べんり

2 元気な人
  げんき ひと

3 電気をつけます
  でんき

4 親切な友達
  しんせつ ともだち

II 쓱쓱 쓰는 법 익히기

便	丿	亻	仁	佢	佢	伊	便
利	丿	二	千	禾	禾	利	利
元	一	二	テ	元			
気	丿	二	气	气	気	気	
親	亠	立	亲	亲	親	親	親

III 바로바로 써 먹는 사용법

1 旅行の本はとても便利です。出かける前に、いつも読みます。
  りょこう ほん   で   まえ   よ

2 山田さんは毎朝ジョギングをします。とても元気な人です。
  やまだ   まいあさ   げんき ひと

3 この車は電気自動車です。少し高いですが、とても静かです。
     くるま でんきじどうしゃ すこ たか   しず

4 いつも山川さんに旅行の本を借ります。山川さんはとても親切な人です。
      やまかわ   りょこう ほん か   しんせつ ひと

5 国際電話カードはとても便利です。いつも国際電話カードで国の家族に
  こくさいでんわ   べんり   こくさいでんわ   くに かぞく

  電話をかけます。
  でんわ

14-B　有名地鉄仕事

I 술술 읽는 법 익히기

1　有名なワイン
　　ゆうめい

2　名前　　会社の名前
　　なまえ　かいしゃ　なまえ

3　地下鉄　　地下鉄の駅
　　ちかてつ　ちかてつ　えき

4　仕事　　わたしの仕事
　　しごと　　　　しごと

5　友達に写真を 見せます
　　ともだち　しゃしん　み

II 쓱쓱 쓰는 법 익히기

有	ノ	ナ	オ	冇	有	有
名	ノ	ク	タ	夕	名	名
地	一	十	土	圠	坩	地
鉄	丿	亇	牟	金	釲	鉄
仕	ノ	イ	仁	什	仕	
事	一	厂	戸	亖	写	事

III 바로바로 써 먹는 사용법

1　地下鉄で会社へ行きます。ＪＲより速くて、便利です。
　　　　　かいしゃ　い　　　　　　はや　　べんり

2　会社は有名ですが、仕事はおもしろくないです。
　　かいしゃ

3　会社のビルの地下に有名なレストランがあります。でも、高いですから、
　　かいしゃ　　　　ちか　　　　　　　　　　　　　　　　　　たか

　　あまり行きません。
　　　　　い

4　空港でパスポートを見せます。そして、飛行機に乗ります。
　　くうこう　　　　　　　　み　　　　　　　ひこうき　の

5　名前と住所と電話番号を書いてください。
　　　　　じゅうしょ　でんわばんごう　か

척척 한자 박사

연습 I   어떤 한자가 될 지 빈칸에 써 봅시다.

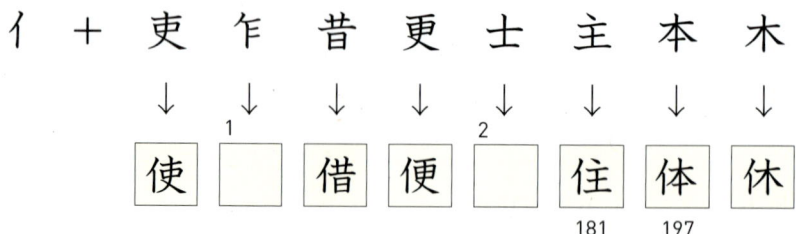

연습 II   빈 칸에 알맞는 단어를 보기에서 골라 넣어봅시다.

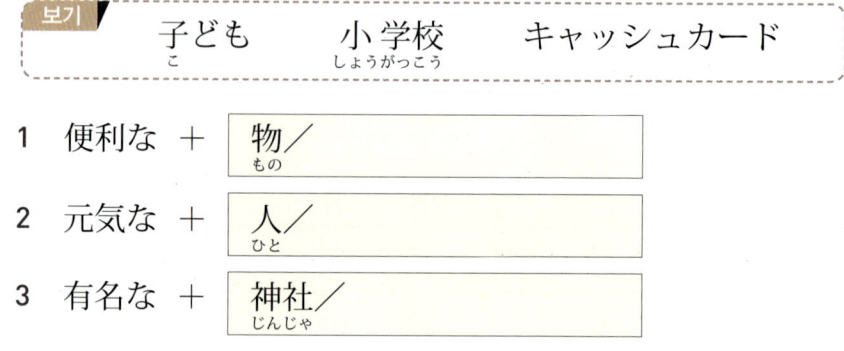

	읽기	

地下鉄とバス

　いつも地下鉄で学校へ行きます。時々、うちの近くで彼女(かのじょ)に会います。彼女はバスで学校へ行きます。ですから僕(ぼく)もバスに乗(の)ります。地下鉄のほうがバスより安くて便利ですが、彼女とバスで行きます。僕のうちから学校まで地下鉄は 200 円、バスは 400 円です。ですから、彼女と地下鉄で行きたいです。

정답   I. 1.件 2.住   II. 1.キャッシュカード 2.子ども 3.小学校

Lesson 15

東　西　南　北　京　夜

料　理　口　自　足　曜

土曜日、レストランで晩(ばん)ごはんを食(た)べました。

イタリア　日本(にほん)　タイ　＋　料理

土曜日、山(やま)へ行(い)きます。

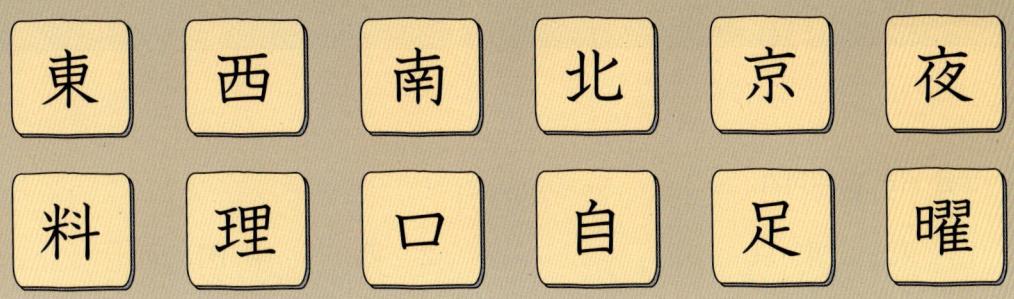

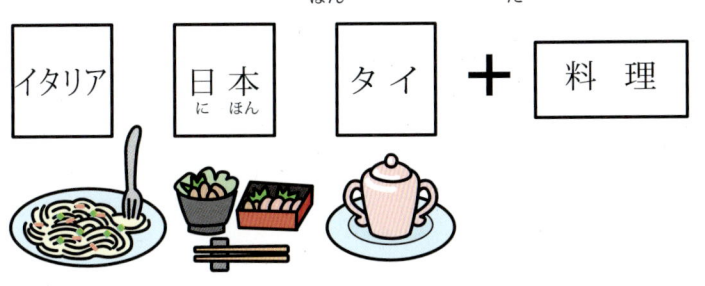

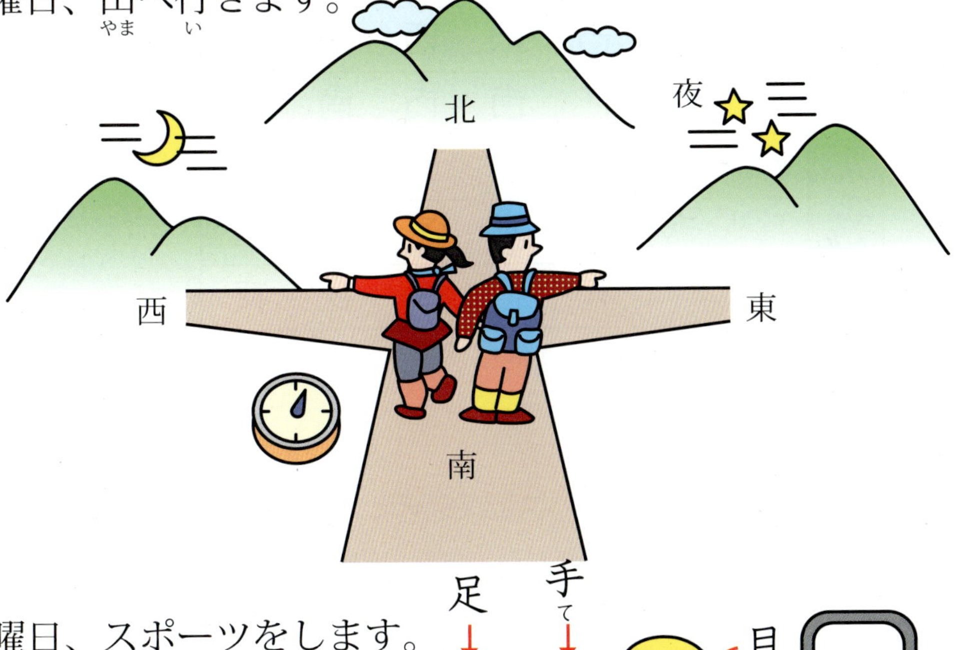

日曜日、スポーツをします。

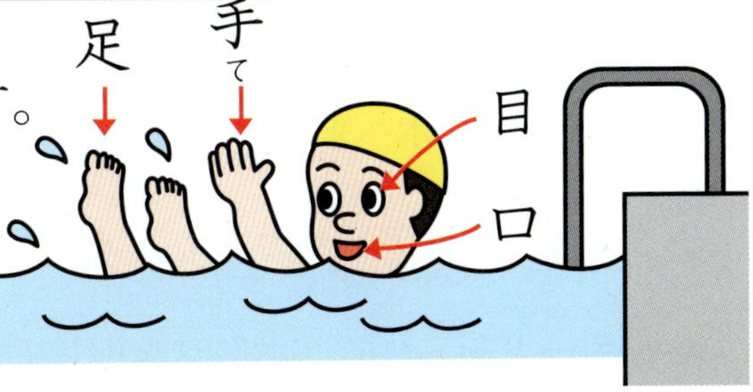

15-A   東 西 南 北 京 夜
155 156 157 158 159 160

I 술술 읽는 법 익히기

1　東　　東京
　　ひがし　とうきょう

2　西　　中国の西
　　にし　ちゅうごく　にし

3　南　　南の国
　　みなみ　みなみ　くに

4　北　　北アメリカ
　　きた　きた

5　夜　　土曜日の夜
　　よる　どようび　よる

6　カードを ﾟ入れます
　　　　　　い

7　銀行でお金を ﾟ出します
　　ぎんこう　かね　だ

II 쓱쓱 쓰는 법 익히기

東	一	丆	戸	百	申	東	東
西	一	丆	两	丙	西	西	
南	一	十	广	内	丙	南	南
北	⼁	十	土	圠	北		
京	ﾉ	亠	宀	方	吉	亨	京
夜	ﾉ	亠	疒	疒	夜	夜	夜

III 바로바로 써 먹는 사용법

1　きのうの夜、友達はバスで東京ディズニーランドへ行きました。
　　　　　よる　ともだち　　　　　　　　　　　　　　　　　　い

　　わたしは東京へ行ったことがありません。

2　先週、日本へ来ました。まだ、西も東もわかりません。
　　せんしゅう　にほん　き

3　3か月、北アメリカと南アメリカを旅行しました。
　　　　げつ　　　　　　　　　　　　　　　　りょこう

4　カードを入れて、ボタンを押して、お金を出します。
　　　　　　　　　　　　　　お　　　かね

15-B 料理口目足曜

161 料　162 理　163 口　164 目　165 足　166 曜

I 술술 읽는 법 익히기

1　料理（りょうり）　中国料理（ちゅうごくりょうり）　　2　口（くち）

3　目（め）　左の目（ひだりめ）　右の目（みぎめ）　　4　足（あし）　手と足（てとあし）

5　土曜日から月曜日まで休みます
　　（どようび　　げつようび　　やす）

II 쓱쓱 쓰는 법 익히기

料	゛	⺌	半	米	米	米	料
理	丁	千	王	玨	珇	理	理
口	丨	口	口				
目	丨	冂	冂	月	目		
足	丨	口	口	甲	甲	足	足
曜	日	日ヨ	日ヨヨ	日ヨヨヨ	日ヨヨヨ	日ヨヨヨ	曜

III 바로바로 써 먹는 사용법

1　きのう、初めて日本料理を食べました。そして、日本のお酒を飲みまし
　　（はじ）（にほん　　　　　　た）　　　　　　　（さけ）（の）
た。でも、わたしはフランス料理のほうが好きです。
　　　　　　　　　　　　　　　　　　　　　　（す）

2　歩いて京都へ行きました。ですから、足が痛いです。
　（ある）（きょうと）（い）　　　　　　　（あし）（いた）

3　A：休みは何曜日ですか。

　　B：土曜日と日曜日です。

척척 한자 박사

연습 I 어떤 한자가 될지 빈칸에 써 봅시다.

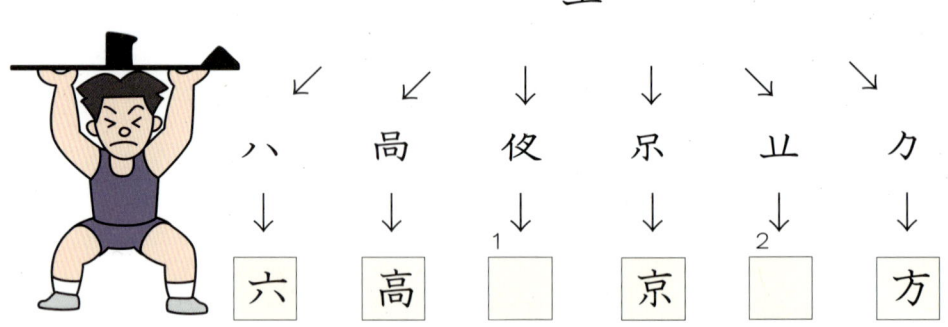

연습 II 「手」일까요?「足」일까요?

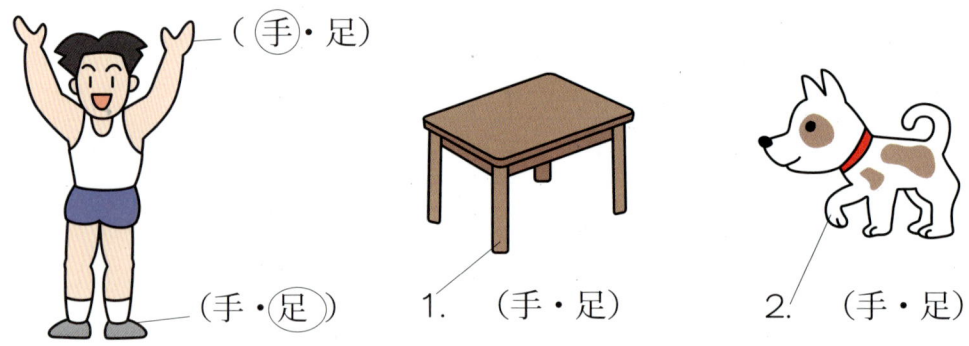

연습 III 다음 □ 안에 「東」「西」「南」「北」을 알맞게 넣어봅시다.

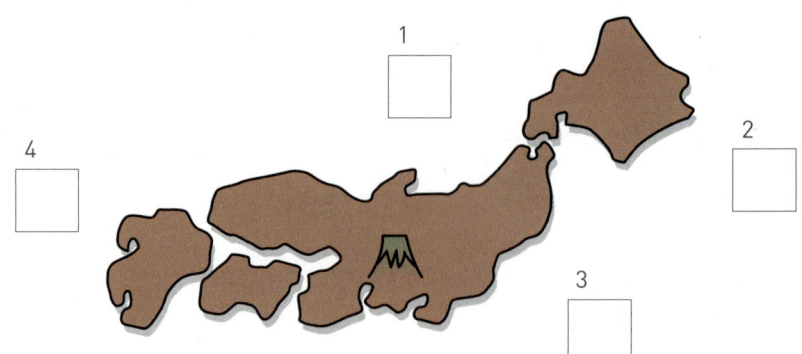

한자 달인 3

연습 Ⅰ 잘못된 사용법에 X표시를 해 봅시다.

예　（　）広い部屋
　　　　へや
　　（　）広い店
　　　　みせ
　　（　）広い学校
　　　　がっこう
　　（×）広い目

1　（　）大きい自動車
　　　　　じどうしゃ
　　（　）大きい小学生
　　　　　しょうがくせい
　　（　）大きい口
　　（　）大きい昼ごはん
　　　　　ひる

2　（　）長い川
　　　　かわ
　　（　）長い足
　　（　）長い時間
　　　　　じかん
　　（　）長い人
　　　　ひと

3　（　）新しい会社
　　　　　かいしゃ
　　（　）新しい仕事
　　（　）新しい社員
　　　　　しゃいん
　　（　）新しい昼休み
　　　　　ひるやす

4　（　）暗い教室
　　　　　きょうしつ
　　（　）暗いレストラン
　　（　）暗い朝
　　　　あさ
　　（　）暗いコーヒー

5　（　）元気な友達
　　　　　ともだち
　　（　）元気なお父さん
　　　　　　　とう
　　（　）元気な犬
　　　　　いぬ
　　（　）元気な肉

6　（　）有名な先生
　　　　　せんせい
　　（　）有名な銀行
　　　　　ぎんこう
　　（　）有名な名前
　　（　）有名な時間
　　　　　じかん

7　（　）親切な男の人
　　　　　おとこ　ひと
　　（　）親切な医者
　　　　　いしゃ
　　（　）親切な店
　　　　　みせ
　　（　）親切な料理

연습 Ⅱ 같은 형태에 ○표시를 해 봅시다. 그리고 아래 한자어의 밑줄 친 부분의 읽는 법을 써 봅시다.

예 | 日 | ㊁ | 書 | 借 | ㊀ |
| --- | --- | --- | --- | --- |
| | 映画
えいが | 書きます
かき | 借ります
かり | 暗い
くらい |

1 | 口 | 話 | 右 | 短 | 京 |
| --- | --- | --- | --- | --- |
| | 話します | 右の目 | 短い | 東京 |

2 | 目 | 自 | 見 | 真 | 親 |
| --- | --- | --- | --- | --- |
| | 自転車 | 見ます | 写真 | 親切な |

3 | 土 | 赤 | 待 | 地 | 軽 |
| --- | --- | --- | --- | --- |
| | 赤い | 待ちます | 地下鉄 | 軽い |

4 | 木 | 休 | 校 | 新 | 利 |
| --- | --- | --- | --- | --- |
| | 昼休み | 高校 | 新聞 | 便利な |

5 | 十 | 古 | 南 | 早 | 朝 |
| --- | --- | --- | --- | --- |
| | 古い | 南 | 早い | 今朝 |

| 연습Ⅲ | 안에 보기에서 골라 알맞은 말을 넣어봅시다.

> **보기**   勉強し   止め   入り   送り   習い   出

例 国の母にクリスマスカードを [送り] ました。
　　くに　はは

1　あした、試験がありますから、今晩、[　　　] ます。
　　　　　　しけん　　　　　　　　こんばん

2　おなかがすきましたね。あの店に [　　　] ましょう。
　　　　　　　　　　　　　　みせ

3　きのう、山田さんにパソコンの使い方を [　　　] ました。
　　　　　やまだ　　　　　　　　　つか　かた

4　店の前に 車 を [　　　] ました。
　　みせ まえ くるま

5　姉は去年、アメリカの大学を [　　　] ました。
　　あね きょねん　　　　　だいがく

읽기

僕の週末

僕は自然*¹⁾が好きだ。だから、仕事が休みの日*²⁾は彼女や友達と山や海へ行ったり、時々旅行に行ったりする。そして、とても元気になる。

でも今日は雨だ。朝から降っている。山や海へ行くことができない。だから、図書館へ行って、中国料理の本を借りた。そして、作り方を勉強した。今日の夜はうちで彼女と食事する。

今、彼女を待っている。早く彼女に会いたい。

---

*¹⁾ 自然 자연 *²⁾ 仕事が休みの日 일을 쉬는 날

Lesson 16

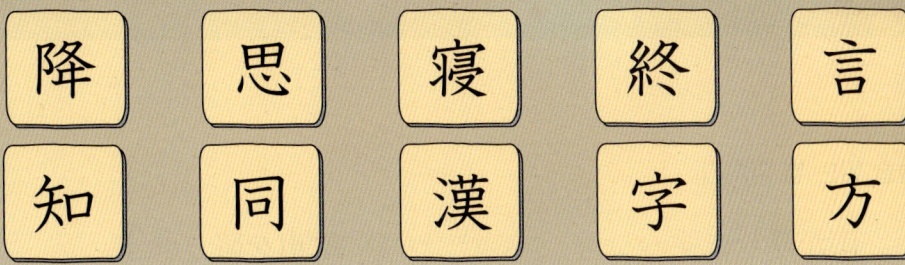

日曜日の朝です。雨が降っています。

寝ています。　　　　彼は寝ていると思います。

漢字を勉強します。

16-A　降 思 寝 終 言
Ⅰ. 読み方
……………………
……………………
Ⅱ. 書き方
……………………
……………………
Ⅲ. 使い方
……………………
……………………

知っていますか。

宀
字・家・室・(　)

言
読・話・語・(　)

16-A　降 思 寝 終 言
_{167　168　169　170　171}

I 술술 읽는 법 익히기

1　雨が降ります
　　あめ　ふ

2　電車を降ります
　　でんしゃ　お

3　彼は来ないと思います
　　かれ　こ　　　おも

4　12時に寝ました
　　　　じ　ね

5　夏休みが終わりました
　　なつやす　お

6　彼に「さようなら」と言いました
　　かれ　　　　　　　　い

7　°話　　長い話
　　はなし　なが　はなし

8　友達と°話します。
　　ともだち　はな

II 쓱쓱 쓰는 법 익히기

降	｀	３	ß	阝	降	降	降
思	口	田	田	甲	思	思	思
寝	宀	宀	疒	疒	寐	寝	寝
終	〈	幺	糸	糸	終	終	終
言	、	二	三	言	言	言	言

III 바로바로 써 먹는 사용법

1　午後、雨が降ると思います。だから、傘を持って行きます。
　　ごご　あめ　　　　　　　　　　かさ　も　　い

2　先生と話しました。わたしはさくら大学へ行きたいと言いました。
　　せんせい　　　　　　　　　　　だいがく　い　　　　い

3　ワット先生の話はおもしろいです。勉強が好きになりました。
　　せんせい　　　　　　　　　　　べんきょう　す

4　A：皆さん、次の駅で降りますよ。
　　　みな　つぎ　えき　お

　　B：あ、山田さんが寝ています。山田さん、起きてください。
　　　やまだ　　　　　　　　　　　　　　お

16-B 知 同 漢 字 方

I 술술 읽는 법 익히기

1. 知っています　知りません
   し　　　　　し

2. 同じ名前　同じ学校
   おな なまえ　おな がっこう

3. 漢字　漢字を書きます
   かんじ　かんじ か

4. あの方を知っていますか
   かた し

5. 漢字の読み方　漢字の書き方　パソコンの使い方
   かんじ よ かた　かんじ か かた　つか かた

II 쓱쓱 쓰는 법 익히기

知	ノ	ヒ	匕	チ	矢	知	知
同	丨	冂	冂	同	同	同
漢	氵	氵	汁	浐	漌	漢	漢
字	丶	丷	宀	宁	字	字
方	丶	亠	方	方

III 바로바로 써 먹는 사용법

1. A：さくら大学を知っていますか。
      だいがく　　し

   B：いいえ、知りません。どこにありますか。
      　　　　し

2. A：山川さんにこのチョコレートをもらいました。
      やまかわ

   B：あ、わたしも同じチョコレートをもらいました。
               おな

3. A：新しいパソコンはどうですか。
      あたら

   B：いいですよ。使い方がとても簡単です。
                 つか かた　　　　かんたん

4. この本で漢字の読み方や書き方や使い方を勉強しました。
      ほん かんじ よ かた　か かた　つか かた べんきょう

척척 한자 박사

연습 Ⅰ ( )안에 한자의 읽는 법을 써 봅시다.

1　1) 読み　方　　　　　2) 西の　方 *1)
　　　　よ　（　）　　　　　にし　（ほう）

2　1) 電車を　降ります　　2) 雨が　降ります
　　　でんしゃ　（　）　　　　あめ　（　）

연습 Ⅱ　□안에 알맞은 말을 넣어봅시다.

1　読みます　＋　方　→　読み方　…　漢字の　読み方
　　　よ

2　□　　　＋　方　→　書き方　…　漢字の　書き方
　　　　　　　　　　　　　か

3　使います　＋　方　→　□　　…　ことばの　使い方
　　つか

4　作ります　＋　方　→　作り方　…　□の　作り方
　　つく

연습 Ⅲ　자연스러운 문장이 되도록 선으로 연결해 봅시다.

1　あの方を　・　　　　　・　a　降っていますか。
2　映画は　・　　　　　・　b　知っていますか。
　　えいが
3　意見を　・　　　　　・　c　終わりましたか。
　　いけん
4　雨が　・　　　　　・　d　言いましたか。
　　あめ

읽기
　　　　　　　　　　　　　　　　　　　　同窓会 *2)
　　　　　　　　　　　　　　　　　　　どうそうかい

　彼とわたしは高校が同じでした。わたしは彼と同じ大学へ行
　かれ
きたいと思いました。毎日、朝から晩まで勉強しました。わた
しはA大学に入ることができました。でも、彼は入ることがで
きませんでした。わたしは彼に、待っていると言いました。
　今年、わたしたちは高校の同窓会で会いました。今、彼は
　　　　　　　　　　　　　　どうそうかい
奥さんと子どもがいます。今、わたしは主人と子どもがいます。
おく

*1) 쪽, 방향　*2) 同窓会 동창회

Lesson 17

図　館　銀　町　住　度
服　着　音　楽　持

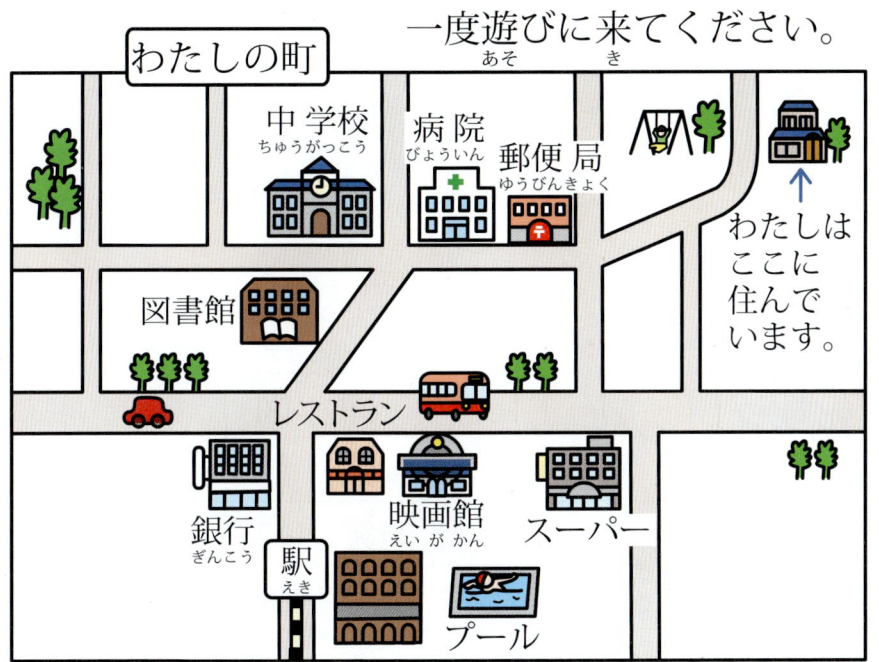

17-A　図 館 銀 町 住 度
　　　　　177　178　179　180　181　182

I　술술 읽는 법 익히기

1　図書館　　大学の図書館
　　としょかん　だいがく　としょかん

2　地図　　京都の地図
　　ちず　　きょうと　ちず

3　銀行　　近くの銀行
　　ぎんこう　ちか　ぎんこう

4　町　　大きい町
　　まち　おお　まち

5　東京に住んでいます
　　とうきょう　す

6　一度　　一度も
　　いちど　いちど

7　°近い　　海が近いです
　　ちか　うみ　ちか

8　大阪で°生まれました
　　おおさか　う

II　쓱쓱 쓰는 법 익히기

図	丨	冂	冂	冈	図	図	図
館	〆	今	今	食	飠	飴	館
銀	〆	全	金	釒	鈤	鈤	銀
町	丨	冂	冂	用	田	町	町
住	ノ	イ	亻	仁	住	住	住
度	丶	广	广	产	产	庢	度

III　바로바로 써 먹는 사용법

1　図書館へ行きました。わたしの町の古い地図がありました。
　　　　　　い　　　　　　　　　　　ふる

2　ちょっと銀行へ行きます。3時ごろ、帰ります。
　　　　　　　　い　　　じ　　かえ

3　今、住んでいるアパートは古いです。でも、駅から近いです。
　いま　す　　　　　　　　　　ふる　　　　　えき　　ちか

4　一度も富士山に登ったことがありません。一度、登りたいです。
　　　　ふじさん　のぼ　　　　　　　　　　　　のぼ

5　来年、子どもが生まれます。初めての子どもです。
　らいねん　こ　　　う　　　　　はじ

17-B 服 着 音 楽 持
183 184 185 186 187

Ⅰ 술술 읽는 법 익히기

1　服　服を着ます
　　ふく　ふく　き

2　着物　上着　下着
　　きもの　うわぎ　したぎ

3　音楽　音楽を聞きます
　　おんがく　おんがく　き

4　楽しい　楽しい夏休み
　　たの　たの　なつやす

5　かばんを持ちます　イタリアの 車 を持っています
　　　　　も　　　　　　くるま　も

Ⅱ 쓱쓱 쓰는 법 익히기

服	）	月	月	肝	肝	服	服
着	`	丷	半	半	羊	着	着
音	`	亠	ナ	立	立	音	音
楽	'	冎	白	泊	泊	楽	楽
持	一	十	扌	扌	扗	持	持

Ⅲ 바로바로 써 먹는 사용법

1　荷物が多いですね。1つ持ちましょうか。
　　にもつ　おお　　　　ひと　も

2　山川さんは音楽が好きです。
　　やまかわ　おんがく　す

3　山川さんとコンサートに行きました。山川さんは白い服を着ていました。
　　やまかわ　　　　　　　い　　　　　　やまかわ　　しろ　ふく　き

　　コンサートが終わってから、食事しました。
　　　　　　　お　　　　　しょくじ

　　楽しかったです。
　　たの

4　山川さんの写真をいつも持っています。
　　やまかわ　しゃしん　　　も

척척 한자 박사

연습 I 빈 칸에 알맞는 단어를 보기에서 골라 넣어봅시다.

보기 服　着物　図書館　町　音楽

1. 青い（あお）　| 服 |　|　|
2. 広い（ひろ）　| 図書館 |　|　|
3. 古い（ふる）　| 着物 | 町 |　|　|　|

연습 II 자연스러운 문장이 되도록 선으로 연결해 봅시다.

1. お正月*¹⁾に　　　　　　　・　　　　・　a　お金を出します
2. 銀行で　　　　　　　　・　　　　・　b　着物を着ます
3. ＣＤで　　　　　　　　・　　　　・　c　本を借ります
4. 図書館で　　　　　　　・　　　　・　d　音楽を聞きます

읽기

――― 40年 ―――

　わたしたちは40年前にこの町へ来ました。この町は新しい町でした。駅は遠くて、近くに店がありませんでした。でも、公園が多くて、いつも子どもが遊んでいました。
　町はだんだん大きくなりました。新しい駅ができて*²⁾、駅の近くにデパートや銀行もできました。わたしたちの子どもは中学生になって、高校生になって、大学生になりました。そして、うちを出ました。
　今、わたしは70歳です。時々、主人と公園を歩きます*³⁾。公園はいつも静かです。

I. 1. 着物　2. 町　3. 服／図書館／音楽　II. 2.a 3.d 4.c

*¹⁾ お正月 설날, 정월　*²⁾ できます 생기다, 만들어지다　*³⁾ 歩きます 걷습니다

106_

Lesson 18

春　夏　秋　冬　道　堂　建
病　院　体　運　乗

① 車<ruby>くるま</ruby>に乗ります。　② 車<ruby>くるま</ruby>を運転します。

③ 病院へ行<ruby>い</ruby>きます。　④ 病院の建物は大<ruby>おお</ruby>きいです。　⑤ 病院の食堂で食<ruby>た</ruby>べます。

18-A 春 夏 秋 冬 道 堂 建

I 술술 읽는 법 익히기

1. 春(はる)　夏(なつ)　秋(あき)　冬(ふゆ)
2. 春休み(はるやす)　夏休み(なつやす)　冬休み(ふゆやす)
3. 道(みち)　広い道(ひろ みち)
4. 食堂(しょくどう)　学生食堂(がくせい しょくどう)
5. 建物(たてもの)　高い建物(たか たてもの)

II 쓱쓱 쓰는 법 익히기

春	一	二	三	声	夫	春	春
夏	一	ア	丙	百	頁	夏	夏
秋	ノ	ニ	千	禾	秋	秋	秋
冬	ノ	ク	冬	冬	冬		
道	ヽ	ヾ	丷	首	首	道	道
堂	I	ヽ	ツ	⺌	学	尚	堂
建	フ	ヨ	ヨ	聿	聿	建	建

III 바로바로 써 먹는 사용법

1. 春は暖(あたた)かいです。夏は暑(あつ)いです。秋は涼(すず)しいです。冬は寒(さむ)いです。
2. 夏休みは北海道(ほっかいどう)でアルバイトをします。冬休みは国(くに)へ帰(かえ)ります。
3. 日本(にほん)の秋はいい季節(きせつ)です。でも、短(みじか)いです。
4. 図書館(としょかん)へ行(い)く道がわかりません。地図(ちず)をかいてください。
5. わたしの大学(だいがく)の食堂は木(き)の建物です。とても古(ふる)い建物です。

18-B 病 院 体 運 乗

195 196 197 198 199

I 술술 읽는 법 익히기

1　病気（びょうき）　病気の人（びょうき ひと）
2　病院（びょういん）
3　体（からだ）　体に悪い（からだ わる）
4　運転（うんてん）　車を運転します（くるま うんてん）
5　車に乗ります（くるま の）

II 쓱쓱 쓰는 법 익히기

病	亠	广	疒	疒	疒	病	病
院	`	３	ß	ß'	阝	陀	院
体	ノ	イ	仁	什	什	休	体
運	一	冖	冒	軍	軍	運	運
乗	一	二	三	弄	乕	乗	乗

III 바로바로 써 먹는 사용법

1　父（ちち）は病院（びょういん）が嫌いです。最近（さいきん）、体（からだ）の調子（ちょうし）がよくないです。でも、病院へ行（い）きません。

2　母（はは）はダイエットをしましたから、病気（びょうき）になりました。

3　山田（やまだ）さんのお父（とう）さんは80歳（さい）ですが、車（くるま）の運転（うんてん）が好（す）きです。家族（かぞく）はとても心配（しんぱい）しています。

4　先月（せんげつ）、東京（とうきょう）へ行（い）ったとき、初（はじ）めて新幹線（しんかんせん）に乗（の）りました。新大阪（しんおおさか）で乗って、東京で降（お）りました。

Lesson 18_109

척척 한자 박사

연습 I 아래에서 한자어를 골라 단어를 만들어 보세요.

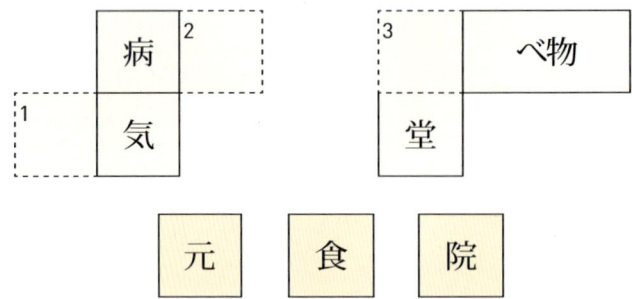

연습 II 안에 알맞은 한자어를 넣어봅시다.

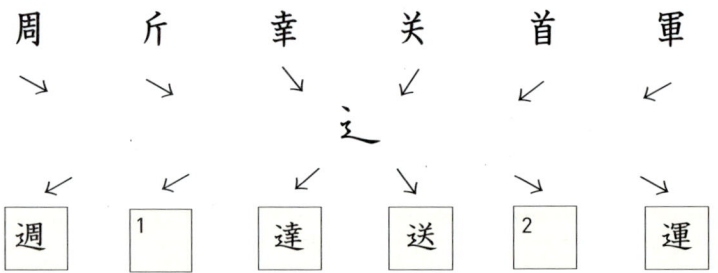

연습 III 자연스러운 문장이 되도록 선으로 연결해 봅시다.

1 春は ・　　・a　だんだん涼しくなります。そして、木の葉*1)が
　　　　　　　　　すず　　　　　　　　　　　　　き　は
　　　　　　　　赤*2)や黄色*3)になります。
　　　　　　　　あか　　きいろ

2 夏は ・　　・b　毎日、暑いです。ビールがおいしいです。
　　　　　　　　まいにち　あつ
　　　　　　　　海や川で泳ぎます。
　　　　　　　　うみ　かわ　およ

3 秋は ・　　・c　桜の花がきれいです。花の下で、お酒を
　　　　　　　　さくら　はな　　　　　　　　　した　　　さけ
　　　　　　　　飲んだり、歌ったりします。
　　　　　　　　の　　　　うた

4 冬は ・　　・d　暖かいコートを着ます。時々、雪が降ります。
　　　　　　　　あたた　　　　　　　き　　ときどき　ゆき　ふ

Lesson 19

家 内 族 兄 弟 奥 姉 妹 海 計

家族

山田さんと奥さん　　　わたしと家内

A：お兄さんですか。　　　A：お姉さんですか。
B：いいえ、姉です。　　　B：いいえ、弟です。

19-A　家 内 族 兄 弟 奥
200　201　202　203　204　205

Ⅰ 술술 읽는 법 익히기

1　家　先生の家
　　いえ　せんせい　いえ

2　家内
　　かない

3　家族
　　かぞく

4　兄　お兄さん
　　あに　にい

5　弟　弟さん
　　おとうと　おとうと

6　兄弟　3人兄弟
　　きょうだい　にんきょうだい

7　奥さん　田中さんの奥さん
　　おく　たなか　おく

Ⅱ 쓱쓱 쓰는 법 익히기

家	宀	宀	宀	宇	家	家	家
内	丨	冂	内	内			
族	亠	方	方	方	方	方	族
兄	丶	口	口	尸	兄		
弟	丶	丷	兰	兰	弟	弟	
奥	ノ	亻	門	甪	奥	奥	奥

Ⅲ 바로바로 써 먹는 사용법

1　わたしの家族は3人です。家内と男の子が1人います。
　　　　　　にん　　おとこ　こ　ひとり

2　近くに両親の家があります。両親は兄と住んでいます。
　　ちか　りょうしん　　　　　　　　　す

3　家内は兄弟がいません。

4　山田さんは小学校の先生です。山田さんの奥さんは中学校の先生です。
　　やまだ　しょうがっこう　せんせい　　　　　　　　　　　ちゅうがっこう

　　山田さんのお兄さんは高校の先生です。
　　　　　　　　　　　こうこう

19-B 姉 妹 海 計

I 술술 읽는 법 익히기

1. 姉(あね)　お姉さん(ねえ)
2. 妹(いもうと)　妹さん(いもうと)
3. 海(うみ)　夏の海(なつ　うみ)
4. 時計(とけい)　古い時計(ふる　とけい)
5. °音(おと)　時計の音(とけい　おと)
6. °動物(どうぶつ)　動物が好きです(どうぶつ　す)
7. 時計が°動きます(とけい　うご)
8. °買い物(か　もの)　買い物します(か　もの)

II 쓱쓱 쓰는 법 익히기

姉	く	タ	女	圹	圻	妒	姉
妹	く	タ	女	圹	妇	奸	妹
海	冫	氵	氵	汜	洰	浻	海
計	亠	亠	言	言	言	訁	計

III 바로바로 써 먹는 사용법

1. 姉は結婚して、外国に住んでいます。妹は独身です。
   (けっこん　がいこく　す　どくしん)

2. ニューヨークでミラーさんのお姉さんに会いました。
   (あ)

   買い物に連れて行ってもらいました。
   (つ　い)

3. 広い北海道で動物といっしょに住みたいです。
   (ひろ　ほっかいどう　す)

4. 夏はいつも、海でアルバイトをします。
   (なつ)

5. 時計が動きません。10年前に、父にもらった古い時計です。
   (ねんまえ　ちち　ふる)

Lesson 19_113

척척 한자 박사

| 정리 | 가족을 나타내는 말

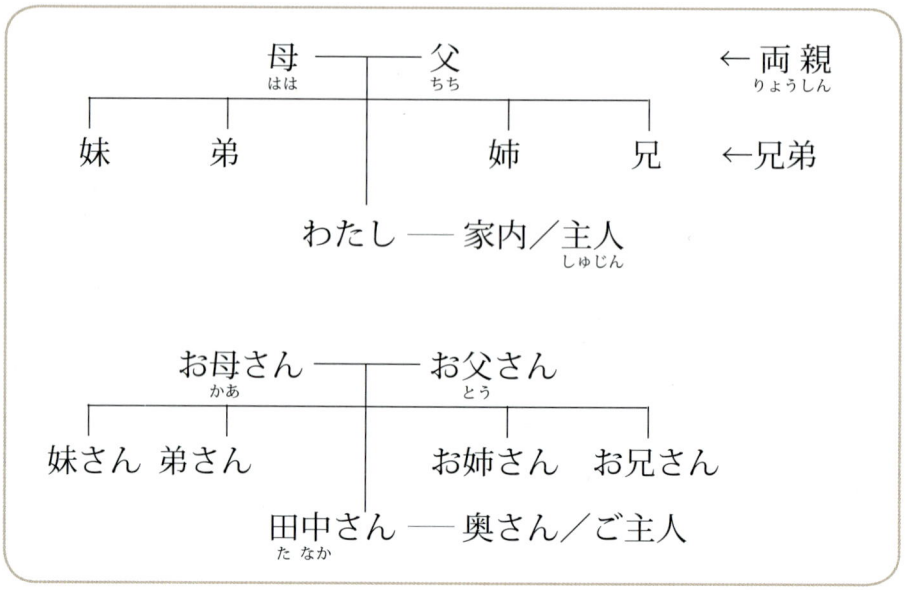

| 연습 Ⅱ | ☐ 안에 알맞은 한자어를 넣어봅시다.

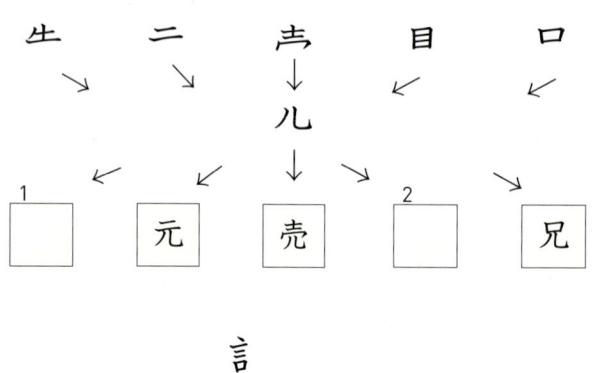

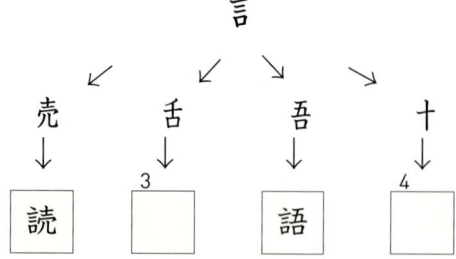

Lesson 20

部　屋　室　窓　開　閉
歌　意　味　天　考

歌の意味を考えます。

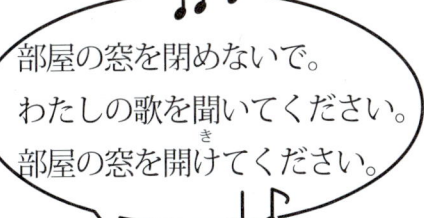

部屋の窓を閉めないで。
わたしの歌を聞いてください。
部屋の窓を開(き)けてください。

天気がいい日(ひ)は教室を出て、外(そと)へ行(い)きます。

20-A 部屋 室 窓 開 閉
210　211　212　213　214　215

I 술술 읽는 법 익히기

1　部屋　わたしの部屋
　　へや　　　　　　へや

2　教室　日本語の教室
　　きょうしつ　にほんご　きょうしつ

3　窓　部屋の窓
　　まど　へや　まど

4　本屋　パン屋
　　ほんや　　　や

5　窓を開けます
　　まど　あ

6　窓を閉めます
　　まど　し

7　駅まで°歩きます
　　えき　　　ある

8　駅に°着きます
　　えき　　つ

II 쓱쓱 쓰는 법 익히기

部	亠	卉	立	咅	咅	剖	部
屋	一	𠃋	尸	戸	居	屋	屋
室	丶	宀	宀	宏	宏	室	室
窓	宀	宀	宀	穴	窓	窓	窓
開	丨	丨	門	門	門	門	開
閉	丨	丨	門	門	門	閉	閉

III 바로바로 써 먹는 사용법

1　夜は暗い部屋でお酒を飲みます。そして、ジャズを聞きます。
　　よる　くら　へや　　　さけ　の　　　　　　　　　　き

2　ホテルに着きました。そして、すぐ部屋の窓を開けました。
　　　　　　つ　　　　　　　　　　　　へや　まど　あ

3　エアコンをつけました。窓とドアを閉めてください。
　　　　　　　　　　　　　　　まど　　　　し

4　時々、みんなで教室を掃除します。
　　ときどき　　　　きょうしつ　そうじ

20-B 歌 意 味 天 考

I 술술 읽는 법 익히기

1 歌を歌います
   うた うた

2 意味　ことばの 意味
   いみ　　　　　　いみ

3 天気　天気が悪い
   てんき　てんき わる

4 家族のことを考えます
   かぞく　　　　かんが

5 ○山　山へ行きます
   やま　やま い

6 ○川　川の水
   かわ　かわ みず

7 ○大使館　タイ大使館
   たいしかん　　たいしかん

8 ○自分で 料理を作ります
   じぶん　りょうり　つく

II 쓱쓱 쓰는 법 익히기

歌	一	可	可	可	哥	哥	歌	歌
意	亠	立	立	音	音	意	意
味	丨	口	口	口	叮	吀	味
天	一	二	于	天
考	一	十	土	耂	考	考

III 바로바로 써 먹는 사용법

1 趣味は歌を歌うことです。でも、カラオケは嫌いです。
   しゅみ　　うた うた　　　　　　　　　　　　きら

2 日曜日、いい天気だったら、山へ行って、川の水で昼ごはんを
   にちようび　　　てんき　　　　やま い　　かわ みず ひる
   作りましょう。
   つく

3 まず、自分で漢字の意味を考えます。次に、辞書を見ます。わからなかっ
   じぶん かんじ いみ かんが　　つぎ　じしょ み
   たら、先生に聞きます。
   せんせい き

4 母は大使館で 働いています。部屋は３階にあります。
   はは たいしかん はたら　　　　へや　　がい

척척 한자 박사

| 정리 | □ 안에 알맞은 한자어를 넣어봅시다.

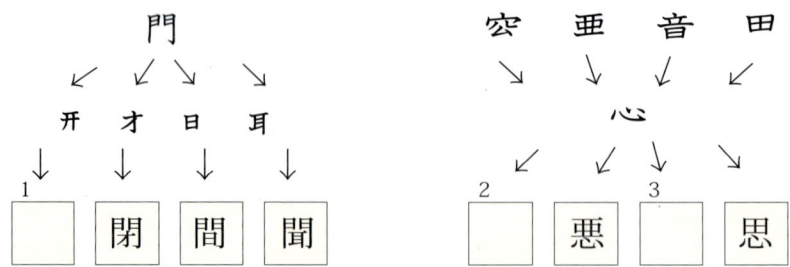

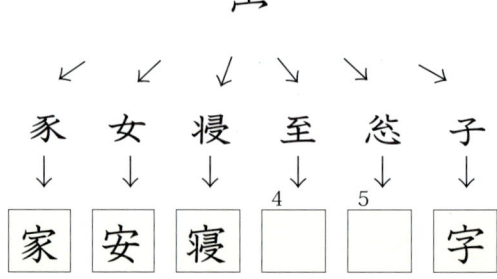

| 읽기 | A는 누구일까요? 맞는 것에 O 표시를 해 봅시다.

```
                                              どうして

A：部屋が暑かったら、窓を閉めてください。
      あつ
B：どうして。
A：エアコンをつけますから。じゃ、勉強を始めますから、教室
   の電気を消してください。         はじ
       け
B：どうして。
A：今から映画を見ますから。
B：わかりました。

Aは（先生  学生  銀行員）です。
```

1.開 2.空 3.悪 4.室 5.愁 / 읽기: 先生

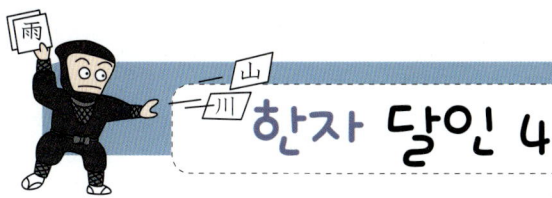

| 정리 | 한자의 형태 |

I  (왼쪽)

| 亻 | 休 47　何 49　借 116　使 131　作 132　便 144　仕 153　住 181　体 197　etc. |

亻 ＝ 人 (사람)
ひと

亻 사람 / 사람의 움직임 / 활동과 관련이 있음을 나타냅니다.

| 彳 | 後 46　行 50　待 124　往　復　etc. |

彳 가는 것 / 오는 것과 관련이 있음을 나타냅니다.

예　往復します 왕복합니다
　　おうふく

| 氵 | 酒 104　漢 174　海 208　洗　泳　消　etc. |

氵 ＝ 水 (물)
みず

氵 물과 관련이 있음을 나타냅니다.

예　洗います 씻습니다　泳ぎます 헤엄칩니다　消します 끕니다
　　あら　　　　　　　　およ　　　　　　　　　　け

| 土 | 地 151　場　坂　城　etc. |

土 ＝ 水 (흙, 토양)
みず

土 흙 / 토양과 관련이 있음을 나타냅니다.

예　場所 장소　坂 비탈길, 고개　城 성
　　ばしょ　　さか　　　　　　　しろ

阝	降 院 階 除 隣 etc.
	167 196

阝 구릉성 지형 / 토양과 관련이 있음을 나타냅니다.

예 ～階 ~층　掃除します 청소합니다(방)　隣 이웃, 이웃집
　　 かい　　 そうじ　　　　　　　となり

弓	強 引 張 etc.
	121

弓 ＝弓 (활)
　　 ゆみ

弓 활과 관련이 있음을 나타냅니다.

예 引きます 잡아당깁니다　出張します 출장 갑니다
　　 ひ　　　　　　　　　 しゅっちょう

女	好 姉 妹 始 etc.
	78 206 207

女 ＝女 (여자, 여성)
　　 おんな

女 여자, 여성과 관련이 있음을 나타냅니다.

예 始めます 시작합니다
　　 はじ

口	味 呼 吸 吹 etc.
	218

口 ＝口 (입)
　　 くち

口 입과 관련이 있음을 나타냅니다.

예 呼びます 부릅니다　吸います 들이마십니다 / 빨아들입니다 / 피웁니다(담배)
　　 よ　　　　　　 す

　　吹きます 붑니다
　　 ふ

扌	持 払 押 指 etc.
	187

扌 ＝ 手 (손)
　　て

扌 손 / 사람의 손을 사용한 움직임과 관련이 있음을 나타냅니다.

　예　払います 지불합니다　押します 밉니다　指 손가락
　　　 はら　　　　　　 お　　　　　　 ゆび

牛	物 牧 特 etc.
	84

牛 ＝ 牛 (소)
　　うし

牛 소 / 목장과 관련이 있음을 시사합니다.

　예　牧場 목장　特に 특히
　　　ぼくじょう　　とく

木	校 机 林 枝 etc.
	52

木 ＝ 木 (나무)
　　き

木 나무 / 목재와 관련이 있음을 나타냅니다.

　예　机 책상　林 숲　枝 가지
　　　つくえ　　はやし　　えだ

礻	社 神 祈 禅 etc.
	29

礻 신 / 정신적인 것과 관련이 있음을 나타냅니다.

　예　神 신　お祈り 기도　禅 선, 좌선
　　　かみ　　 いの　　　　ぜん

方	旅 族 放 etc.
	117 202

方 ＝ 方 (방향, 방법)
　　ほう／かた

　예　放送 방송
　　　ほうそう

王	理　現　球　etc.
	162

王 ＝ 王 (왕)
　おう

예　現代 현대　野球 야구
　　げんだい　　やきゅう

日	晩　時　映　明　暗　曜　etc.
	40　41　108　133　134　166

日 ＝ 日 (태양)
　ひ

日 태양 / 일(日)과 관련이 있음을 나타냅니다.

月	服　脱　胸　腕　etc.
	183

月 ＝ 月 (달)
　つき

月 몸과 관련이 있음을 나타냅니다.

예　脱ぎます 벗습니다　胸 가슴　腕 팔
　　ぬ　　　　　　　　むね　　うで

禾	利　秋　私　穫　etc.
	145　190

禾 벼를 묘사하고, 쌀 / 곡물과 관련이 있음을 나타냅니다.

예　私 나, 저　収穫 수확
　　わたくし　しゅうかく

矢	短　知　矯
	139　172

矢 ＝ 矢 (화살)
　や

예　矯正します 교정합니다, 고칩니다(나쁜 버릇)
　　きょうせい

米	料 粉 糖 etc.
	161

米 ＝ 米 (쌀)
　　　こめ

米 쌀 / 곡물과 관련이 있음을 나타냅니다.

　　예 粉 밀가루, 가루, 분말　砂糖 설탕
　　　　こな　　　　　　　　さとう

糸	紙 終 結 細 etc.
	107 170

糸 ＝ 糸 (실)
　　　いと

糸 실 / 섬유와 관련이 있음을 나타냅니다.

　　예 結婚します 결혼합니다　細い 가늘다
　　　　けっこん　　　　　　　ほそ

言	読 話 語 計 説 調 etc.
	95 97 112　　209

言 ＝ 言 (말합니다)

言 의사소통과 관련이 있음을 나타냅니다.

　　예 説明します 설명합니다　調べます 조사합니다
　　　　せつめい　　　　　　　　しら

車	転 軽 輪 輸 etc.
	60 142

車 ＝ 車 (차)
　　　くるま

車 차 / 운송과 관련이 있음을 나타냅니다.

　　예 車輪 차바퀴, 차륜　輸出 します 수출합니다　輸入 します 수입합니다
　　　　しゃりん　　　　　ゆしゅつ　　　　　　　　　ゆにゅう

金	鉄 銀 銅 etc.
	152 179

金 ＝ 金 (금속)
　　　かね

金 금속과 관련이 있음을 나타냅니다.

　　예 鉄 철　銅 동
　　　　てつ　　どう

食	飲 館 飯 飼 etc.
	83　178

食 ＝ 食 (식, 먹습니다)

食 음식물 / 먹는 것과 관련이 있음을 나타냅니다.

예　ご飯 밥　飼います 기릅니다
　　　はん　　　か

馬	駅 駐 騎 etc.
	56

馬 ＝ 馬 (말)
　　　うま

馬 말 / 운송과 관련이 있음을 나타냅니다.

예　駐車場 주차장　騎士 기사
　　ちゅうしゃじょう　　き　し

Ⅱ 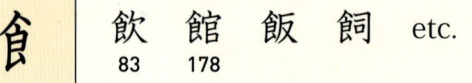 (오른쪽)

力	動 勉 働 助 etc.
	61　120

力 ＝ 力 (힘)
　　　ちから

力 힘 / 노동과 관련이 있음을 나타냅니다.

예　働きます 일합니다　助けます 돕습니다
　　はたら　　　　　　たす

刀	切 初 etc.
	114

刀 ＝ 刀 (칼)
　　　かたな

刀 칼 / 절단과 관련이 있음을 나타냅니다.

예　初めて 처음으로
　　はじ

刂	利 別 則 etc.
	145

刂 = 刀 (칼)
　　かたな

刂 칼 / 절단과 관련이 있음을 나타냅니다.

> 예 別々に 따로따로　規則 규칙
> 　　べつべつ　　　　き そく

匕	北 化 比 靴
	158

匕 숟가락을 묘사합니다.

> 예 文化 문화　比べます 비교합니다　靴 구두
> 　　ぶん か　　くら　　　　　　　くつ

丁	町 打 灯 訂
	180

丁 못을 묘사합니다.

> 예 打ちます 칩니다, 때립니다　灯台 등대　訂正 정정
> 　　う　　　　　　　　　　　とうだい　　ていせい

阝	部 郵 都 etc.
	210

阝 사람들이 사는 마을 / 장소와 관련이 있음을 나타냅니다.

> 예 郵便局 우체국　京都 교토
> 　　ゆうびんきょく　きょう と

斤	新 近 所 祈 etc.
	66　85

斤 도끼를 묘사합니다.

> 예 所 장소, 곳　お祈り 기도
> 　　ところ　　　　いの

欠	飲 歌 次 欲 etc.
	83　216

欠 ＝欠 (부족, 결핍)
　けつ

예 次の 다음의　欲しい 탐나다, 바라다
　つぎ　　　　　ほ

攵	教 枚 数 攻 etc.
	118

攵 막대기를 들고 있는 사람을 묘사. 치는 것 / 누군가에게 무언가를 강요하는 것과 관련이 있음을 나타냅니다.

예 ～枚 ~장　数 수　攻撃 공격
　　まい　　かず　こうげき

月	朝 明 期 朗
	38　133

月 ＝月 (달)
　つき

月 달과 관련이 있음을 나타냅니다.

예 学期 학기　明朗な 명랑한
　がっき　　めいろう

寺	時 待 持 特 etc.
	41　124　187

寺 ＝寺 (절)
　てら

예 特に 특히
　とく

帚	帰 婦 掃
	100

帚 ＝帚 (비(청소용))
　ほうき

帚 비 / 청소와 관련이 있음을 나타냅니다.

예 主婦 주부　掃除します 청소합니다
　しゅふ　　そうじ

Ⅲ  (상단)

亠	六 高 立 京 夜 方 etc.
	16　62　125　159　160　176

人	金 会 今 食 全 etc.
	6　28　37　82

예 全部 전부
　　ぜん ぶ

八	分 公 貧 etc.
	42

예 公園 공원　　貧乏な 가난한
　　こうえん　　　びんぼう

冖	写 冗 軍 冠
	105

예 冗談 농담　　軍 군, 군대　　冠 관(머리에 쓰는 관)
　　じょうだん　ぐん　　　　　　かんむり

十	古 真 南 etc.
	67　106　157

十 ＝十 (십)
　　じゅう

艹	茶 英 花 薬 菜 etc.
	103　111　122

艹 풀 / 식물과 관련이 있음을 나타냅니다.

예 薬 약　　野菜 야채, 채소
　　くすり　　や さい

䒑	前 普 首 etc.
	45

예 普通の 보통, 통상　　首 목
　　ふ つう　　　　　　 くび

口	足 兄 員 号 品 etc.
	165　203　30

口 ＝ 口 (입)
　　くち

　예　番号 번호　品物 물품, 물건
　　　　　　　しなもの

土	去 赤 走 寺 幸 etc.
	54　70

土 ＝ 土 (흙, 토양)
　　つち

　예　走ります 달립니다　寺 절　幸せな 행복한
　　　はし　　　　　　てら　　しあわ

宀	安 寝 字 家 室 窓 etc.
	63　169　175　200　212　213

宀　지붕을 묘사하고, 지붕 / 집과 관련이 있음을 나타냅니다.

主	青 表 麦 etc.
	68

　예　表 표면, 겉　麦 밀, 보리
　　　おもて　　　　むぎ

止	歩 歯 歳 肯
	123

止 ＝ 止 (세웁니다)

　예　歯 이, 치아　～歳 ~살, ~세　肯定します 긍정합니다
　　　は　　　　　　さい　　　　　こうてい

耂	者 考 老 孝
	32　220

耂　나이 많은 사람을 묘사합니다

　예　老人 노인　親孝行 효도
　　　ろうじん　　おやこうこう

日	早 暑 最 etc.
143	

日 ＝ 日 (태양)

日 태양 / 일(日)과 관련이 있음을 나타냅니다.

例 暑い 덥다　最近 최근
　　あつ　　　さいきん

罒	買 置 罪 罰 etc.
98	

例 置きます 놓습니다　罪 죄　罰 벌
　　お　　　　　　　つみ　　ばつ

田	男 思 界 胃 etc.
90　168	

田 ＝ 田 (논)
　　た

例 世界 세계　胃 위
　　せかい　　い

立	音 意 辛 章 etc.
185　217	

立 ＝ 立 (섭니다)

例 辛い 맵다　章 장
　　から　　　しょう

龸	学 覚 労 etc.
25	

例 覚えます 외웁니다　労働 노동
　　おぼ　　　　　　ろうどう

龸	堂 賞 常 etc.
193	

例 賞 상　日常生活 일상 생활
　　しょう　にちじょうせいかつ

羊	着 差 養 etc.
	184

예 差 격차, 차이　教養 교양
　　さ　　　　　　きょうよう

雨	電 雲 雪 etc.
	57

雨 ＝ 雨 (비)
　　あめ

雨 비와 관련이 있음을 나타냅니다.

예 雲 구름　雪 눈
　　くも　　ゆき

Ⅳ (하부, 아랫 부분)

力	男 労 努 etc.
	90

力 ＝ 力 (힘)
　　ちから

力 힘 / 노동과 관련이 있음을 나타냅니다.

예 労働 노동　努力 노력
　　ろうどう　　どりょく

儿	先 見 売 元 兄 etc.
	27 96 130 146 203

儿 ＝ 人 (사람)
　　ひと

儿 사람 / 사람의 움직임 / 활동과 관련이 있음을 나타냅니다.

女	安 要 妻 婆 etc.
	63

女 ＝ 女 (여자, 여성)
　　おんな

女 여성들과 관련이 있음을 나타냅니다.

예 要ります 필요합니다　妻 아내, 처　老婆 노파
　　い　　　　　　　　つま　　　　　ろうば

子	学 字 季 etc.
	25　175

子 ＝子 (어린이, 아이)
　　こ

　예　季節 계절
　　　きせつ

木	楽 薬 案 菜 etc.
	186

木 ＝木 (나무)
　　き

木 나무 / 목재와 관련이 있음을 나타냅니다.

　예　薬 약　案内します 안내합니다　野菜 야채, 채소
　　　くすり　あんない　　　　　　　　やさい

日	者 書 音 春 暑 昔 etc.
	32　93　185　188

日 ＝日 (태양)
　　ひ

日 태양 / 일(日)과 관련이 있음을 나타냅니다.

　예　暑い 덥다　昔 옛날
　　　あつ　　　むかし

心	悪 思 窓 意 忘 急 etc.
	140　168　213　217

心 ＝心 (마음)
　　こころ

心 정신 / 마음과 관련이 있음을 나타냅니다.

　예　忘れます 잊습니다　急ぎます 서두릅니다
　　　わす　　　　　　いそ

灬	黒 点 然 熱 etc.
	71

灬 ＝火 (불)
　　ひ

灬 불 / 열과 관련이 있음을 나타냅니다.

　예　〜点 ~점　自然 자연　熱 열
　　　てん　　しぜん　　ねつ

灬　魚 [81] 물고기의 꼬리지느러미를 묘사합니다.
　　さかな

貝 ＝ 貝 (조개, 조가비)
　かい

貝 돈과 관련이 있음을 나타냅니다.

　예　負けます 집니다
　　　ま

Ⅳ　　(위쪽과 왼쪽)

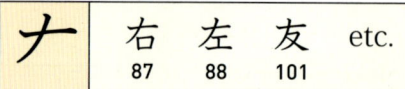

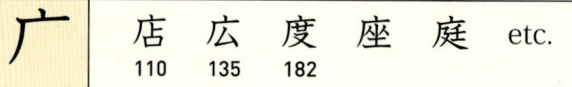

广 지붕의 용마루를 묘사하고, 지붕 / 집과 관련이 있음을 나타냅니다.

　예　座ります 앉습니다　庭 정원
　　　すわ　　　　　　　　にわ

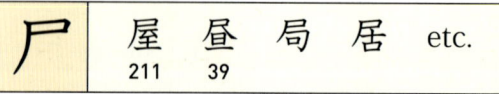

　예　郵便局 우체국　住居 주거
　　　ゆうびんきょく　じゅうきょ

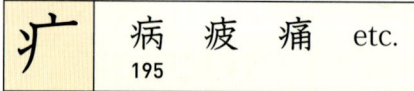

疒 병 / 질병/ 질환과 관련이 있음을 나타냅니다.

　예　疲れます 피곤합니다　痛い 아프다
　　　つか　　　　　　　　　いた

Ⅵ (왼쪽과 아래쪽)

廴	建 延 廷
	194

예 延期します 연기합니다　法廷 법정
　　えん き　　　　　　　ほうてい

辶	週 近 達 送 道 運 etc.
	53　85　102　113　192　198

辶　거리와 관련이 있음을 나타냅니다.

走	起 趣 越 etc.
	99

走 ＝走 (달립니다)

예 趣味 취미　引っ越しします 이사합니다
　　しゅみ　　　ひ こ

免	勉
	120

Ⅶ  (둘러쌈)

口	国 図 困 園 etc.
	35　177

口 경계(선) / 가장자리와 관련이 있음을 나타냅니다.

예 困ります 곤란합니다　公園 공원
　　こま　　　　　　　　こうえん

冂	円 肉 同 内 etc.
	24　80　173　201

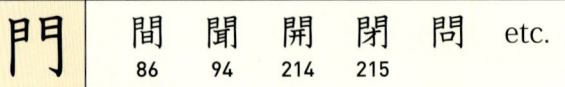

門 = 門 (문)
　　もん

門 문과 관련이 있음을 나타냅니다.

　예 問題 문제
　　　もんだい

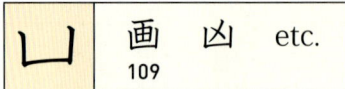

　예 凶悪な 흉악한
　　　きょうあく

匚 상자를 묘사합니다.

　예 区 구　　～匹 ~마리
　　　く　　　ひき

한자 달인 정답

한자 달인 1

Ⅰ. 1. 月、日、水 2. 会社員、先生、学生 3. 今、時、分 4. 今晩
　 5. 自転車、電車 6. 今年、来週

Ⅱ. 1. 1) 去 2) 電 3) 学 2. 1) 晩 2) 後、行 3) 休

한자 달인 2

Ⅰ. 1. 1) 中 2) 左 3) 前 4) 男の子 5) 母 6) ご主人 2. 1) 小さい
　 2) 安い 3) 古い 4) 高い 5) 好きな 6) 上手な

Ⅱ. 1. 1) 友 2) 右 3) 店 2. 1) 週 2) 近 3) 起 3. 1) 円、円
　 2) 聞 3) 間

한자 달인 3

Ⅰ. 1. (×) 大きい昼ごはん 2. (×) 長い人 3. (×) 新しい昼休み
　　　　　　　ひる　　　　　　　　　　　　ひと　　　　　　　　　　　ひるやす
　 4. (×) 暗いコーヒー 5. (×) 元気な肉 6. (×) 有名な時間
　　　　　　　　　　　　　　　　　　　　　　　　　　　　　　　　じ かん
　 7. (×) 親切な料理

Ⅱ. 1. 話、右、短、京、はなし、みぎ・め、みじかい、とうきょう 2. 自、
　 見、真、親、じてんしゃ、み、しゃしん、しんせつな 3. 赤、待、
　 地、軽、あかい、まち、ちかてつ、かるい 4. 休、校、新、利、ひる
　 やすみ、こうこう、しんぶん、べんりな 5. 古、南、早、朝、ふる
　 い、みなみ、はやい、けさ

Ⅲ. 1. 勉強し 2. 入り 3. 習い 4. 止め 5. 出

Lesson 1 퀴즈

이름 :　　　　　　점수 :

Ⅰ　밑줄 친 한자의 읽는 법을 써 봅시다.

1．今日は火曜日です。
　　きょう

2．月曜日から金曜日まで働きます。
　　　　　　　　　　　　はたら

3．水曜日に東京へ行きます。木曜日に帰ります。
　　　　　とうきょう　い　　　　　　　　かえ

4．日曜日に中川さんのうちへ行きます。
　　　　　　　　　　　　　　　　い

Ⅱ　읽는 법을 보고 한자로 써 봅시다.

1．□曜日
　　ど　ようび

2．□□さん
　　やまかわ

Lesson 2 퀴즈

이름:　　　　　점수:

Ⅰ 밑줄 친 한자의 읽는 법을 써 봅시다.

1. <u>来月</u>の<u>四日</u>から<u>七日</u>まで<u>休</u>みます。
　　らいげつ　　　　　　　　　　　　やす

2. <u>八日</u>は<u>会社</u>へ<u>行</u>きます。
　　　　　　かいしゃ　い

3. <u>学校</u>は<u>七月</u><u>二十日</u>から<u>八月</u><u>三十一日</u>まで<u>休</u>みです。
　　がっこう　しちがつ　　　　　　　はちがつ　　　　　　　　やす

4. わたしの<u>時計</u>は<u>千九百円</u>です。<u>中川</u>さんの時計は<u>五万円</u>です。
　　　　　と けい　　　　　　　　　　　なかがわ

Ⅱ 읽는 법을 보고 한자로 써 봅시다.

1. ☐月
　　に がつ

2. ☐月
　　ろく がつ

3. ☐月
　　く がつ

Lesson 3 퀴즈

이름:　　　　　　점수:

I 　밑줄 친 한자의 읽는 법을 써 봅시다.

1．ワンさんは医者です。中国人です。

2．わたしはさくら大学の学生です。

3．山田さんは会社員です。
　　やまだ

4．先月、日本へ来ました。
　　　　　　　き

II 　읽는 법을 보고 한자로 써 봅시다.

1．□□
　　せんせい

2．あの□
　　　　ひと

Lesson 4 퀴즈

이름:　　　　　　　점수:

Ⅰ 밑줄 친 한자의 읽는 법을 써 봅시다.

1. <u>今日</u>、<u>昼休み</u>に<u>銀行</u>へ<u>行</u>きます。
　　　　　　　　　　ぎんこう　い

2. <u>今朝</u>、7<u>時半</u>に<u>起</u>きました。
　　　　　　　　　お

3. <u>毎晩</u>、10<u>時</u>にうちへ<u>帰</u>ります。
　　　　　じ　　　　　かえ

4. <u>銀行</u>は<u>午前</u>9<u>時</u>から<u>午後</u>3時までです。
　ぎんこう　　　じ

Ⅱ 읽는 법을 보고 한자로 써 봅시다.

1. 45☐
　　ふん

2. ☐
　いま

3. ☐ですか
　なん

Lesson 5 퀴즈

이름 :　　　　　　점수 :

I　밑줄 친 한자의 읽는 법을 써 봅시다.

1．<u>電車</u>で<u>学校</u>へ<u>行き</u>ます。

2．<u>駅</u>はあちらです。

3．これは中川さんの<u>自転車</u>です。
　　　なかがわ

4．田中さんの誕 生 日は<u>来週</u>の水曜日です。
　　た なか　　たんじょう び　　　　　　すいよう び

5．ミラーさんは<u>今年</u>の８月に国へ帰ります。
　　　　　　　　　　　　　がつ　くに　かえ

II　읽는 법을 보고 한자로 써 봅시다.

1．☐ます
　　き

2．☐☐
　　きょねん

Lesson 6 퀴즈

이름:　　　　　　　점수:

I 밑줄 친 한자의 읽는 법을 써 봅시다.

1. 大阪は大きい町です。高いビルがたくさんあります。
   おおさか　　　　　　まち

2. わたしは毎日車で大学へ行きます。新しい車です。
   　　　まいにち　　　　　　　　　い

3. 駅で新聞を買いました。
   えき　　　　　か

4. 庭に黒い犬がいます。
   にわ　　　いぬ

II 읽는 법을 보고 한자로 써 봅시다.

1. ☐い
   あお

2. ☐さい
   ちい

3. ☐い
   ふる

Lesson 7 퀴즈

이름:　　　　　　점수:

I 밑줄 친 한자의 읽는 법을 써 봅시다.

1．<u>主人</u>はビールが<u>好</u>きです。<u>毎晩</u>、<u>飲</u>みます。
　　　　　　　　　　　　　　まいばん

2．きのう <u>新</u>しい<u>魚</u>をもらいました。
　　　　　　あたら

3．<u>冷蔵庫</u>に<u>食べ物</u>が<u>何</u>もありません。
　　れいぞうこ　　　　　　　　　なに

4．<u>田中</u>さんの<u>お母</u>さんは<u>料理</u>が<u>上手</u>です。
　　たなか　　　　　　　　　　りょうり

II 읽는 법을 보고 한자로 써 봅시다.

1．いすの □
　　　　　うえ

2．ベットの □
　　　　　　した

3．□
　　て

Lesson 8 퀴즈

이름:　　　　　점수:

I　밑줄 친 한자의 읽는 법을 써 봅시다.

1．<u>駅</u>の<u>近く</u>にスーパーがあります。スーパーの<u>前</u>に<u>本屋</u>があります。
　　えき

　　<u>本屋</u>と<u>花屋</u>の<u>間</u>に<u>魚屋</u>があります。
　　　　　はなや　　さかなや

2．<u>今朝</u>は、<u>時間</u>がありませんでした。
　　けさ

　　だから、<u>朝</u>ごはんを<u>食</u>べませんでした。
　　　　　あさ　　　　た

3．うちの<u>外</u>に<u>男の人</u>がいます。

4．<u>女の子</u>はドアの<u>後ろ</u>にいます。

II　읽는 법을 보고 한자로 써 봅시다.

1．☐
　　みぎ

2．☐
　　ひだり

3．☐
　　なか

Lesson 9 퀴즈

이름:　　　　　점수:

I 밑줄 친 한자의 읽는 법을 써 봅시다.

1. 毎朝、6時に起きます。そして、新聞を読みます。
   まいあさ　　　じ　　お　　　　　　　　しんぶん　よ

2. 時々、テレビを見ます。
   ときどき　　　　　　み

3. きのう、国の友達に電話をかけました。
   　　　　くに　ともだち　でんわ

4. 新しいパソコンを買いました。パソコンでレポートを書きました。
   あたら　　　　　　か　　　　　　　　　　　　　　　　　　か

II 읽는 법을 보고 한자로 써 봅시다.

1. ☐きます
   き

2. ☐います
   あ

3. ☐ります
   かえ

Lesson 10 퀴즈

이름:　　　　점수:

Ⅰ 밑줄 친 한자의 읽는 법을 써 봅시다.

1．お茶を飲みませんか。そして、旅行の写真を見せてください。
　　　の　　　　　　　　　　りょこう　　しゃしん　み

2．英語の勉強は楽しいです。
　　　　　べんきょう　たの

3．友達に中国語を教えます。そして、日本語を習います。
　　ともだち　　　　　　おし　　　　　　　　　　　　なら

4．きのうの晩、父に手紙を書きました。
　　　　　　ばん　ちち　てがみ　か

5．母は中国の映画が好きです。
　　はは　ちゅうごく　　　　　す

Ⅱ 읽는 법을 보고 한자로 써 봅시다.

1．お □
　　　さけ

2．□
　　みせ

3．□
　　かみ

Lesson 11 퀴즈

이름:　　　　　　점수:

Ⅰ 밑줄 친 한자의 읽는 법을 써 봅시다.

1. 友達に旅行の写真を送ります。
   ともだち　しゃしん

2. 兄は英語を教えています。そして、タイ語を習っています。
   あに　えいご　　　　　　　　　　　　　　ご

3. 本を貸してください。
   ほん

4. 友達にはさみを借ります。
   ともだち

5. 妹 はニューヨークで映画の勉強をしています。
   いもうと　　　　　　　　　えいが

Ⅱ 읽는 법을 보고 한자로 써 봅시다.

1. ☐
   はな

2. ☐☐
   きって

Lesson 12 퀴즈

이름:　　　　　　점수:

I 밑줄 친 한자의 읽는 법을 써 봅시다.

1. <u>駅</u>の<u>前</u>に <u>車</u> を<u>止</u>めました。そして、1 <u>時間</u>、<u>友達</u>を<u>待</u>ちました。
   えき　まえ　くるま　　　　　　　　　　　じ　かん　ともだち

2. <u>先週</u>、パソコンを<u>売</u>りました。
   せんしゅう

3. <u>歩</u>いて<u>学校</u>へ<u>行</u>きます。
   　　　がっこう　い

4. <u>雨</u>が降っています。
   　ふ

5. コンピューターソフトを<u>作り</u>ます。

6. ワープロを<u>使い</u>ます。

II 읽는 법을 보고 한자로 써 봅시다.

1. ☐ります
   はい

2. ☐ます
   で

3. ☐ちます
   た

Lesson13 퀴즈

이름:　　　　　　점수:

Ⅰ 밑줄 친 한자의 읽는 법을 써 봅시다.

1. わたしの部屋は暗いです。
   へ や

2. わたしの町は車が多くて、緑が少ないです。
   まち くるま　　　　　　みどり

3. このパソコンは調子が悪いです。早く新しいのを買いたいです。
   ちょうし　　　　　　　　あたら　　　　か

4. わたしは髪が長いです。 妹 は髪が短いです。
   かみ　　　　　　いもうと

Ⅱ 읽는 법을 보고 한자로 써 봅시다.

1. ☐るい
   あか

2. ☐い
   ひろ

3. ☐い
   おも

Lesson 14 퀴즈

이름:　　　　　　점수:

I 밑줄 친 한자의 읽는 법을 써 봅시다.

1. <u>会社</u>の<u>名前</u>を<u>教</u>えてください。
   かいしゃ　なまえ　おし

2. <u>地下鉄</u>で<u>会社</u>へ行きます。ＪＲより<u>速</u>くて、<u>便利</u>です。
   　　　　　　かいしゃ　　　　　はや　　べんり

3. <u>会社</u>は<u>有名</u>ですが、<u>仕事</u>はおもしろくないです。
   かいしゃ　ゆうめい　　しごと

4. <u>山川</u>さんはとても<u>親切</u>な<u>人</u>です。
   やまかわ　　　　しんせつ　ひと

5. <u>部屋</u>の<u>電気</u>をつけてください。
   へや　でんき

II 읽는 법을 보고 한자로 써 봅시다.

1. ☐☐な
   げん き

2. ☐せます
   み

Lesson 15 퀴즈

이름:　　　　　　점수:

I　밑줄 친 한자의 읽는 법을 써 봅시다.

1．きのうの<u>夜</u>、<u>日本</u><u>料理</u>を<u>食</u>べました。
　　　　　　　に ほん　　　　　　　た

2．バスで<u>東京</u>へ<u>行</u>きました。
　　　　　　　　　　い

3．3か<u>月</u>、<u>友達</u>と<u>北</u>アメリカと<u>南</u>アメリカを<u>旅行</u>しました。
　　　げつ　 ともだち　　　　　　　　　　　　　　　　りょこう

4．<u>休</u>みは<u>日曜日</u>だけです。<u>土</u>曜日は休みじゃありません。
　　やす　　　　　　　　　　　　　　ど

5．わたしは<u>西</u>ヨーロッパが<u>好</u>きです。
　　　　　　　　　　　　　　　　　　　す

II　읽는 법을 보고 한자로 써 봅시다.

1．☐
　　くち

2．☐
　　め

3．☐
　　あし

Lesson 16 퀴즈

이름:　　　　　점수:

Ⅰ　밑줄 친 한자의 읽는 법을 써 봅시다.

1．会議は何時に終わると思いますか。
　　かいぎ　なんじ

2．この漢字の読み方がわかりません。

3．あの方を知っていますか。
　　　　かた

4．今日は朝から雨が降っています。
　　きょう　あさ　あめ

5．きのうの晩、1時に寝ました。
　　　　　ばん　　じ

Ⅱ　읽는 법을 보고 한자로 써 봅시다.

1．□じ
　　おな

2．□います
　　い

3．□します
　　はな

Lesson 17 퀴즈

이름:　　　　　점수:

Ⅰ 밑줄 친 한자의 읽는 법을 써 봅시다.

1. <u>地図</u>を<u>持</u>っています。

2. <u>駅</u>から<u>銀行</u>まで5<u>分</u>ぐらいです。
　　えき　　　　　　　　　　ふん

3. <u>新</u>しい<u>服</u>を<u>着</u>ます。
　　あたら

4. <u>一度</u>も<u>図書館</u>へ<u>行</u>ったことがありません。
　　　　　　　　　　　　い

Ⅱ 읽는 법을 보고 한자로 써 봅시다.

1. □
　 まち

2. □しい
　 たの

3. □んでいます
　 す

Lesson 18 퀴즈

이름: 점수:

Ⅰ 밑줄 친 한자의 읽는 법을 써 봅시다.

1. <u>夏</u>は<u>暑</u>いです。<u>冬</u>は<u>寒</u>いです。
   あつ　　　　さむ

2. わたしの<u>家</u>の近くは<u>道</u>が<u>狭</u>いです。
   いえ　　　　　せま

3. 大学の食堂は木の<u>建物</u>です。<u>古</u>い建物です。
   だいがく　しょくどう　き　　　　ふる

4. 父は<u>病院</u>が<u>嫌</u>いです。<u>薬</u>も<u>飲</u>みません。
   ちち　　きら　　　　　　くすり　　の

5. <u>妹</u>の<u>趣味</u>は<u>車</u>の<u>運転</u>です
   いもうと　しゅみ　くるま

6. <u>東京</u>へ<u>行</u>ったとき、<u>初</u>めて<u>新幹線</u>に<u>乗</u>りました。
   とうきょう　い　　　　はじ　　　しんかんせん

Ⅱ 읽는 법을 보고 한자로 써 봅시다.

1. ☐
   あき

2. ☐
   はる

3. ☐
   からだ

Lesson 19 퀴즈

이름:　　　　　　　　점수:

I　밑줄 친 한자의 읽는 법을 써 봅시다.

1．わたしの家族は３人です。家内と子どもが１人います。
　　　　　　　　　　　　　　　　こ　　　　　ひとり

2．近くに 両 親の家があります。両親は兄と住んでいます。
　　ちか　りょうしん　　　　　　　　　　　　　す

3．ミラーさんのお姉さんに買い物に連れて行ってもらいました。
　　　　　　　　　　　　　か　もの　つ　　い

4．父にもらった時計が動きません。
　　ちち

II　읽는 법을 보고 한자로 써 봅시다.

1．お □ さん
　　　にい

2．□
　　いもうと

3．□
　　おと

Lesson 20 퀴즈

이름 :　　　　　　　점수 :

I　밑줄 친 한자의 읽는 법을 써 봅시다.

1．ホテルに<u>着</u>きました。そして、すぐ<u>部屋</u>の<u>窓</u>を<u>開</u>けました。

2．<u>教室</u>のドアを<u>閉</u>めてください。

3．毎晩、<u>自分</u>で料理を作ります。
　　まいばん　　　　　りょうり　つく

II　읽는 법을 보고 한자로 써 봅시다.

1．□□
　　てんき

2．□えます
　　かんが

퀴즈 정답

Lesson 1
Ⅰ. 1. かようび 2. げつようび、きんようび 3. すいようび、もくようび
   4. にちようび、なかがわさん
Ⅱ. 1. 土 2. 山川

Lesson 2
Ⅰ. 1. よっか、なのか 2. ようか 3. はつか、さんじゅういちにち
   4. せんきゅうひゃくえん、ごまんえん
Ⅱ. 1. 二 2. 六 3. 九

Lesson 3
Ⅰ. 1. いしゃ、ちゅうごくじん 2. だいがく、がくせい 3. かいしゃいん
   4. せんげつ、にほん
Ⅱ. 1. 先生 2. 人

Lesson 4
Ⅰ. 1. きょう、ひるやすみ 2. けさ、しちじはん 3. まいばん
   4. ごぜん、ごご
Ⅱ. 1. 分 2. 今 3. 何

Lesson 5
Ⅰ. 1. でんしゃ、がっこう、いき 2. えき 3. じてんしゃ 4. らいしゅう
   5. ことし
Ⅱ. 1. 来 2. 去年

Lesson 6
Ⅰ. 1. おおきい、たかい 2. くるま、だいがく、あたらしい 3. しんぶん
   4. くろい
Ⅱ. 1. 青 2. 小 3. 古

Lesson 7
Ⅰ．1．しゅじん、すき、のみ　2．さかな　3．たべもの　4．おかあさん、じょうず
Ⅱ．1．上　2．下　3．手

Lesson 8
Ⅰ．1．ちかく、あいだ　2．じかん　3．そと、おとこのひと　4．おんなのこ、うしろ
Ⅱ．1．右　2．左　3．中

Lesson 9
Ⅰ．1．おき、しんぶん　2．ときどき、み　3．ともだち、でんわ　4．かい
Ⅱ．1．聞　2．会　3．帰

Lesson 10
Ⅰ．1．おちゃ、しゃしん　2．えいご　3．ちゅうごくご、にほんご　4．てがみ　5．えいが
Ⅱ．1．酒　2．店　3．紙

Lesson 11
Ⅰ．1．りょこう、おくり　2．おしえて、ならって　3．かして　4．かり　5．べんきょう
Ⅱ．1．花　2．切手

Lesson 12
Ⅰ．1．とめ、まち　2．うり　3．あるいて　4．あめ　5．つくり　6．つかい
Ⅱ．1．入　2．出　3．立

Lesson 13
Ⅰ．1．くらい　2．おおくて、すくない　3．わるい、はやく　4．ながい、みじかい
Ⅱ．1．明　2．広　3．重

Lesson 14
Ⅰ. 1. なまえ 2. ちかてつ、べんり 3. ゆうめい、しごと 4. しんせつな 5. でんき
Ⅱ. 1. 元気 2. 見

Lesson 15
Ⅰ. 1. よる、りょうり 2. とうきょう 3. きた、みなみ 4. にちようび 5. にし
Ⅱ. 1. 口 2. 目 3. 足

Lesson 16
Ⅰ. 1. おわる、おもい 2. かんじ、よみかた 3. しって 4. ふって 5. ね
Ⅱ. 1. 同 2. 言 3. 話

Lesson 17
Ⅰ. 1. ちず、もって 2. ぎんこう 3. ふく、き 4. いちども、としょかん
Ⅱ. 1. 町 2. 楽 3. 住

Lesson 18
Ⅰ. 1. なつ、ふゆ 2. みち 3. たてもの 4. びょういん 5. うんてん 6. のり
Ⅱ. 1. 秋 2. 春 3. 体

Lesson 19
Ⅰ. 1. かぞく、かない 2. いえ、あに 3. おねえさん 4. とけい、うごき
Ⅱ. 1. 兄 2. 妹 3. 音

Lesson 20
Ⅰ. 1. つき、へや、まど、あけ 2. きょうしつ、しめて 3. じぶんで
Ⅱ. 1. 天気 2. 考

감수자		
西口光一 にしぐちこういち	大阪大学国際教育交流センター　教授	
저자		
新矢麻紀子 しんやまきこ	大阪産業大学教養部　准教授	
古賀千世子 こがちせこ	元　神戸大学留学生センター　非常勤講師 元　松下電器産業株式会社海外研修所　講師	
髙田亨 たかだとおる	関西学院大学国際教育・協力センター　特別契約准教授	
御子神慶子 みこがみけいこ	財団法人海外技術者研修協会　非常勤講師	
일러스트		
西野昌彦 にしのまさひこ		
한국어 번역		
강연화		

기초 일본어 한자 격파 ❶

초판발행	2009년　6월　25일
1판 9쇄	2022년 10월 20일
감수자	西口光一
저자	新矢麻紀子・古賀千世子・髙田亨・御子神慶子
책임편집	조은형, 무라야마 토시오, 김성은, 손영은
펴낸이	엄태상
콘텐츠 제작	김선웅, 장형진
마케팅	이승욱, 왕성석, 노원준, 조성민, 이선민
경영기획	조성근, 최성훈, 정다운, 김다미, 최수진, 오희연
물류	정종진, 윤덕현, 신승진, 구윤주
펴낸곳	시사일본어사(시사북스)
주소	서울시 종로구 자하문로 300 시사빌딩
주문 및 교재 문의	1588-1582
팩스	0502-989-9592
홈페이지	www.sisabooks.com
이메일	book_japanese@sisadream.com
등록일자	1977년 12월 24일
등록번호	제 300 - 2014 - 92호

ISBN 978-89-402-9172-6 13730

ⓒ2006 NISHIGUCHI Koichi, SHINYA Makiko, KOGA
Chiseko, TAKADA Toru and MIKOGAMI Keiko
PUBLISHED WITH KIND PERMISSION OF 3A
CORPORATION, TOKYO, JAPAN

＊ 이 교재의 내용을 사전 허가없이 전재하거나 복제할 경우 법적인 제재를 받게 됨을 알려 드립니다.
＊ 잘못된 책은 구입하신 서점에서 교환해 드립니다.　　＊ 정가는 표지에 표시되어 있습니다.

▶ 이 책의 판매 및 사용은 대한민국 국내로 한정되어 있습니다.
▶ このテキストの販売及び使用は大韓民国国内に限り、大韓民国国外での販売及び使用はこれを厳重に禁止する。

일본어 한자, 더 이상 어렵지 않습니다!

―Minna no Nihongo―

기초 일본어 한자 (漢字) 격파

공저 신야 마키코 外

1

참고서

시사일본어사

학습 한자와 한자어

〈주의〉
- 한자어의 어례는 포괄적인 것이 아닙니다. 즉 해당 학습 한자는 다른 한자어에서도 사용되는 경우가 있습니다.
- 한자어의 어례가 2 개의 부분으로 나뉘어져 있는 경우는 윗 부분이 이 책에서 학습하는 학습한자어, 아랫 부분은 학습 한자어가 아닙니다.
- *상용 한자표의 읽는 법이 모두 한자어의 어례 뒤에 나와 있습니다.
  *상용 한자표라는 것은 문부성이 작성한 한자 사용 기준을 나타낸 자료입니다.
- 테두리가 있는 한자어는 참고를 위해서 제시된 것입니다.

〈기호의 사용법〉
- • 한자의 의미
- △ 한자의 훈독 (또는 일본식 읽기)
- ▲ 한자의 음독 (또는 중국식 읽기)
- * 그 한자가 220 자의 학습 한자에 포함되지 않을 나타낸다.

〈注意〉
・漢字語の語例は包括的なものではありません。つまり、当該の学習漢字は他の漢字語でも使われることがあります。
・漢字語の語例が２つの部分に分かれている場合は、上の部分が本書で学習する学習漢字語で、下の部分は学習漢字語ではありません。
・常用漢字表のすべての読み方が漢字語の語例の後に示されています。
　常用漢字表というのは、文部省が作成した漢字使用の目安を示した資料です。
・枠で囲まれて出されている漢字語は参考のために出されたものです。

〈記号の使用法〉
- • 漢字の意味
- △ 漢字の訓読み（あるいは日本式読み）
- ▲ 漢字の音読み（あるいは中国式読み）
- * その漢字が220の学習漢字に含まれないことを示す。

Lesson 1

日	1	• 태양 (본래의 의미) • 일, 하루

日曜日　　일요일
にちようび

〜曜日　　〜요일
　ようび

今日　　　오늘
きょう

毎日　　　매일
まいにち

日本　　　일본
にほん

日本人　　일본인
にほんじん

日本語　　일본어
にほんご

〜日　　　〜일
　にち

△ひ、か　▲にち、じつ

月	2	• 달 • 달, 월

月曜日　　월요일
げつようび

〜月　　　〜월
　がつ

〜か月　　〜개월
　　げつ

先月　　　지난달
せんげつ

今月　　　이번달
こんげつ

来月　　　다음달
らいげつ

毎月　　　매달
まいつき

月　　　　달
つき

△つき　▲げつ、がつ

火	3	• 불

火曜日　　화요일
かようび

火　　　　불
ひ

火事　　　화재
かじ

△ひ、ほ　▲か

水	4	• 물

水曜日　　수요일
すいようび

水　　　　물
みず

水道　　　수도
すいどう

△みず　▲すい

木	5	• 나무, 목재, 통나무, 재목 등

木曜日　　목요일
もくようび

木　　　　나무
き

△き、こ　▲もく、ぼく

金	6	• 금 • 돈

金曜日　　금요일
きんようび

お金　　　돈
　かね

金　　　　금
きん

△かね、かな　▲きん、こん

土	7	• 흙, 토지

土曜日　　토요일
どようび

土　　　　흙
つち

土地　　　토지
とち

△つち　▲ど、と

山 8 ・산

山　　　　산
やま

山田　　　성
やまだ

山川　　　성
やまかわ

△やま　▲さん

川 9 ・강, 개울, 시내

川　　　　강
かわ

山川　　　성
やまかわ

中川　　　성
なかがわ

△かわ　▲せん

田 10 ・논

田中　　　성
たなか

山田　　　성
やまだ

- -

田　　　　논
た

△た　▲でん

Lesson2

一 11 ・일

一　　　　일
いち

一日　　　하루
いちにち

一日　　　초하루, 1 일
ついたち

一つ　　　하나
ひと

一人　　　한 사람, 한 명
ひとり

一度　　　한 번
いちど

一度も　　한번도
いちども

△ひと(つ)、ひと　▲いち、いつ

二 12 ・이

二　　　　이
に

二日　　　이틀, 2 일
ふつか

二十日　　이십일
はつか

二つ　　　둘
ふた

二人　　　두 사람, 두 명
ふたり

△ふた(つ)、ふた　▲に

三 13 ・삼

三　　　　삼
さん

三日　　　사흘, 3 일
みっか

三つ　　　셋
みっ

△みっ(つ)、み、み(つ)　▲さん

四 14 ・사

四　　　　사
し／よん

四日　　　나흘, 4 일
よっか

四つ	네개
よっ	

△よっ(つ)、よん、よ、よ(つ) ▲し

五 15・오

五	오
ご	
五日	닷새, 5일
いつか	
五つ	다섯개
いつ	

△いつ(つ)、いつ ▲ご

六 16・육

六	육
ろく	
六日	엿새, 6일
むいか	
六つ	여섯개
むっ	

△むっ(つ)、むい、む ▲ろく

七 17・칠

七	칠
しち/なな	
七日	이레, 7일
なのか	
七つ	일곱개
なな	

△なな、なな(つ)、なの ▲しち

八 18・팔

八	팔
はち	
八日	여드레, 8일
ようか	
八つ	여덟개
やっ	

△やっ(つ)、よう、や、や(つ) ▲はち

九 19・구

九	구
きゅう/く	
九日	아흐레, 9일
ここのか	
九つ	아홉개
ここの	

△ここの(つ)、ここの ▲きゅう、く

十 20・십

十	십
じゅう/とお	
十日	열흘, 10일
とおか	
二十日	이십일
はつか	
十	열개
とお	

△とお、と ▲じゅう、じゅ

〈일수 세는 법〉

一日	하루, 일일
いちにち	
一日	하루, 1일
ついたち	
二日	이틀, 2일
ふつか	
三日	사흘, 3일
みっか	
四日	나흘, 4일
よっか	
五日	닷새, 5일
いつか	
六日	엿새, 6일
むいか	
七日	이레, 7일
なのか	
八日	여드레, 8일
ようか	
九日	아흐레, 9일
ここのか	
十日	열흘, 10일
とおか	

二十日 20일간, 20일
はつか
十四日 14일간, 14일
じゅうよっか
二十四日 24일간, 24일
にじゅうよっか

百 21 · 백

百 백
ひゃく
▲ひゃく

<~百>

百 백
ひゃく
二百 이백
にひゃく
三百 삼백
さんびゃく
四百 사백
よんひゃく
五百 오백
ごひゃく
六百 육백
ろっぴゃく
七百 칠백
ななひゃく
八百 팔백
はっぴゃく
九百 구백
きゅうひゃく

千 22 · 천

千 천
せん
△ち ▲せん

<~千>

千 천
せん
二千 이천
にせん
三千 삼천
さんぜん
四千 사천
よんせん
五千 오천
ごせん
六千 육천
ろくせん
七千 칠천
ななせん
八千 팔천
はっせん
九千 구천
きゅうせん

万 23 · 만

万 만
まん
▲まん、ばん

<~万>

一万 만
いちまん
一万円 만엔
いちまんえん
十万円 십만엔
じゅうまんえん
百万円 백만엔
ひゃくまんえん

円 24 · 엔

· 원형, 둥근 (본래의 의미)
· 엔

~円 엔
えん

Lesson2—5

円高 _{えんだか}	엔고 (엔의 대외 가치가 높아지는 일), 엔화 강세
円安 _{えんやす}	엔 시세가 외국의 통화에 비하여 쌈, 엔화 약세

△まる(い)　▲えん

Lesson 3

学 25 • 배우다, 공부하다

学生 _{がくせい}	학생
学校 _{がっこう}	학교
大学 _{だいがく}	대학
小学校 _{しょうがっこう}	초등학교
中学校 _{ちゅうがっこう}	중학교
小学生 _{しょうがくせい}	초등학생
中学生 _{ちゅうがくせい}	중학생
大学生 _{だいがくせい}	대학생

△まな(ぶ)　▲がく

生 26
• 삶, 살아 있음
• 낳다, 태어나다
• 신선하다
• 학생

学生 _{がくせい}	학생
小学生 _{しょうがくせい}	초등학생
中学生 _{ちゅうがくせい}	중학생
高校生 _{こうこうせい}	고교생, 고등학생
大学生 _{だいがくせい}	대학생
先生 _{せんせい}	선생, 선생님
生まれます _う	태어납니다

生ビール _{なま}	생맥주
生ジュース _{なま}	생과일 주스

△い(きる)、い(かす)、い(ける)、う(まれる)、う(む)、お(う)、は(える)、は(やす)、き、なま　▲せい、しょう

先 27 • 미리, 이전에

先生 _{せんせい}	선생, 선생님
先週 _{せんしゅう}	지난주
先月 _{せんげつ}	지난달

△さき　▲せん

会 28 • 만나다, 보다

会社 _{かいしゃ}	회사
会社員 _{かいしゃいん}	회사원
会います _あ	만납니다

社会 _{しゃかい}	사회
会話 _{かいわ}	회화

△あ(う)　▲かい、え

社 29 • 회사

会社 _{かいしゃ}	회사
会社員 _{かいしゃいん}	회사원

社会 _{しゃかい}	사회
社員 _{しゃいん}	사원

△やしろ　▲しゃ

員 30
• 수, 인원

| 会社員 (かいしゃいん) | 회사원 |
| 銀行員 (ぎんこういん) | 은행원 |

| 社員 (しゃいん) | 사원 |

▲いん

医 31
• 의학, 의료

| 医者 (いしゃ) | 의사 |

▲い

者 32
• (전문의) 사람

| 医者 (いしゃ) | 의사 |

△もの ▲しゃ

本 33
• 책
• 주된, 주요한
• 진실의, 믿을 만한, 진정한

本 (ほん)	책
本屋 (ほんや)	서점
日本 (にほん)	일본
日本人 (にほんじん)	일본인, 일본 사람
日本語 (にほんご)	일본어

| 古本 (ふるほん) | 헌책 |
| 本社 (ほんしゃ) | 본사 |

△もと ▲ほん

中 34
• 안, 안쪽, 내부
• 중앙, 가운데

中 (なか)	안, 속
田中 (たなか)	성
中川 (なかがわ)	성
中国 (ちゅうごく)	중국
中国人 (ちゅうごくじん)	중국인, 중국 사람
中国語 (ちゅうごくご)	중국어
中学校 (ちゅうがっこう)	중학교
中学生 (ちゅうがくせい)	중학생

中東 (ちゅうとう)	중동
一日中 (いちにちじゅう)	하루종일
話し中 (はなしちゅう)	통화중

△なか ▲ちゅう

国 35
• 나라, 국가, 국민

国 (くに)	나라, 국가
中国 (ちゅうごく)	중국
中国人 (ちゅうごくじん)	중국인, 중국 사람
中国語 (ちゅうごくご)	중국어
外国 (がいこく)	외국
外国人 (がいこくじん)	외국인
外国語 (がいこくご)	외국어

| 国内の (こくない) | 국내의 |

△くに ▲こく

Lesson3—7

人 36	• 사람 • 사람들
日本人 にほんじん	일본인, 일본 사람
中国人 ちゅうごくじん	중국인, 중국 사람
外国人 がいこくじん	외국인
～人 じん	～인
人 ひと	사람
男の人 おとこ ひと	남자
女の人 おんな ひと	여자
あの人 ひと	저 사람
主人 しゅじん	남편
ご主人 しゅじん	남편
一人 ひとり	한 사람, 한 명
二人 ふたり	두 사람, 두 명
～人 にん	～사람, ～명, ～인
大人 おとな	어른
△ひと ▲じん、にん	

Lesson4

今 37	• 지금, 바로지금
今 いま	지금
今日 きょう	오늘
今朝 けさ	오늘 아침
今晩 こんばん	오늘 밤
今週 こんしゅう	이번주
今月 こんげつ	이번달
今年 ことし	금년, 올해
△いま ▲こん、きん	

朝 38	• 아침
朝 あさ	아침
朝ごはん あさ	아침, 아침 밥
毎朝 まいあさ	매일 아침
今朝 けさ	오늘 아침
△あさ ▲ちょう	

昼 39	• 낮, 주간 • 정오
昼 ひる	낮, 정오
昼ごはん ひる	점심, 점심 밥
昼休み ひるやす	점심 시간
△ひる ▲ちゅう	

晩 40	• 저녁, 밤
晩 ばん	밤
晩ごはん ばん	저녁, 저녁 밥
今晩 こんばん	오늘 밤
毎晩 まいばん	매일 밤
▲ばん	

時 41	• 시간
～時 じ	～시
～時半 じはん	～시 반
～時間 じかん	～시간
～時間半 じかんはん	～시간 반
時間 じかん	시간

時計 とけい	시계
時々 ときどき	이따금, 때로는

※〈々〉는 앞에 나온 한자가 반복될 때 사용되는 표시이다.

～の時 とき	～ 때

△とき　▲じ

分 42
- 분
- 나누다, 나누어지다 (본래의 의미)
- (나누어지다) 몫, 부분

～分 ふん/ぶん	～분
自分で じぶん	자기자신이, 스스로

半分 はんぶん	반

△わ(かる)、わ(かれる)、わ(ける)、わ(かつ)　▲ふん、ぶん、ぶ

半 43
- 반

～時半 じはん	～시 반
～時間半 じかんはん	～시간 반

半分 はんぶん	반

△なか(ば)　▲はん

午 44
- 정오

午前 ごぜん	오전
午後 ご ご	오후

▲ご

前 45
- 전면, 앞에
- 앞, 과거의 (과거에는), 전의 (이전에는)

前 まえ	앞, 전
午前 ご ぜん	오전
名前 な まえ	이름

～(する)前 まえ	～(하기) 전
駅前 えきまえ	역 앞

△まえ　▲ぜん

後 46
- 뒤, 등 뒤, 뒤에
- 뒤에, 후에

後ろ うし	뒤
午後 ご ご	오후

△うし(ろ)、あと、のち、おく(れる)　▲ご、こう

休 47
- 쉼, 휴식
- 휴일

休み やす	쉼, 휴식, 휴일
昼休み ひるやす	점심 시간
春休み はるやす	봄방학
夏休み なつやす	여름방학
冬休み ふゆやす	겨울방학
～休み やす	～방학
休みます やす	쉽니다

△やす(む)、やす(まる)、やす(める)
▲きゅう

Lesson4—9

| 毎 |48 • 모든~, 다~

毎日 매일
まいにち
毎週 매주
まいしゅう
毎月 매월
まいつき
毎年 매년
まいとし／まいねん
毎朝 매일 아침
まいあさ
毎晩 매일 밤
まいばん
▲まい

| 何 |49 • 무엇, 몇

何 무엇, 몇
なに／なん
何～ 몇
なん
△なに、なん ▲か

Lesson5

| 行 |50 • 가다

行きます 갑니다
い
銀行 은행
ぎんこう
銀行員 은행원
ぎんこういん
旅行 여행
りょこう
旅行します 여행합니다
りょこう
△い(く)、ゆ(く)、おこな(う) ▲こう、
ぎょう、あん

| 来 |51 • 오다
     • 오는~

来ます 옵니다
き

来週 다음주
らいしゅう
来月 다음달
らいげつ
来年 내년
らいねん

外来語 외래어
がいらいご
△く(る)、きた(る)、きた(す) ▲らい

| 校 |52 • 모임, 회합 장소 → 학교

学校 학교
がっこう
小学校 초등학교
しょうがっこう
中学校 중학교
ちゅうがっこう
高校 고교, 고등학교
こうこう
高校生 고등학생
こうこうせい
▲こう

| 週 |53 • 주, 일주간

先週 지난주
せんしゅう
今週 이번주
こんしゅう
来週 다음주
らいしゅう
毎週 매주
まいしゅう
～週間 ~주간
しゅうかん
▲しゅう

| 去 |54 • 떠나다
      • 지나간~

去年 작년
きょねん
△さ(る) ▲きょ、こ

| 年 |55 • 년

去年　　작년
きょねん

今年　　금년, 올해
ことし

来年　　내년
らいねん

毎年　　매년
まいとし／まいねん

〜年　　〜년
ねん

〜年前　〜년전
ねんまえ

△とし　▲ねん

| 駅 |56 • 역

駅　　　역
えき

〜駅　　〜역
えき

駅前　　역 앞
えきまえ

▲えき

| 電 |57 • 전자, 전기

電車　　전차
でんしゃ

電気　　전기
でんき

電話　　전화
でんわ

電話します　전화합니다
でんわ

▲でん

| 車 |58 • 바퀴달린 탈 것

電車　　전차
でんしゃ

自転車　자전거
じてんしゃ

自動車　자동차
じどうしゃ

車　　　차
くるま

△くるま　▲しゃ

| 自 |59 • 자기자신, 스스로
• 자동

自転車　자전거
じてんしゃ

自動車　자동차
じどうしゃ

自分で　자기자신이, 스스로
じぶん

△みずか(ら)　▲じ、し

| 転 |60 • 돌리다

自転車　자전거
じてんしゃ

運転　　운전
うんてん

運転します　운전합니다
うんてん

△ころ(がる)、ころ(げる)、ころ(がす)、ころ(ぶ)　▲てん

| 動 |61 • 움직이다

自動車　자동차
じどうしゃ

動物　　동물
どうぶつ

動きます　움직입니다
うご

△うご(く)、うご(かす)　▲どう

Lesson6

| 高 |62 • (키) 크다, 높다
• 비싸다
• 높이다, 오르다

高い _{たか}	（키）크다, 높다
高い _{たか}	비싸다
高校 _{こうこう}	고교, 고등학교
高校生 _{こうこうせい}	고등학생

円高 _{えんだか}	엔고 (엔의 대외 가치가 높아지는 일), 엔화 강세

△たか(い)、たか、たか(まる)、たか(める)
▲こう

安 63	• 싸다 • 고요하다, 평화롭다

安い _{やす}	싸다

円安 _{えんやす}	엔 시세가 외국의 통화에 비하여 쌈, 엔화 약세

△やす（い） ▲あん

大 64	• 크다 • 매우, 대단히

大きい _{おお}	크다
大学 _{だいがく}	대학
大学生 _{だいがくせい}	대학생
大使館 _{たいしかん}	대사관

大人 _{おとな}	어른
大好きな _{だい す}	매우 좋아하는
大切な _{たいせつ}	중요한, 귀중한, 소중한
大雨 _{おおあめ}	큰비

△おお(きい)、おお、おお(いに) ▲だい、たい

小 65	• 작다

小さい _{ちい}	작다
小学校 _{しょうがっこう}	초등학교
小学生 _{しょうがくせい}	초등학생

△ちい(さい)、こ、お ▲しょう

新 66	• 새롭다

新しい _{あたら}	새롭다
新聞 _{しんぶん}	신문

△あたら(しい)、あら(た)、にい ▲しん

古 67	• 오래되다, 낡다

古い _{ふる}	오래되다, 낡다

古本 _{ふるほん}	헌책

△ふる(い)、ふる(す) ▲こ

青 68	• 푸르다, 파랗다

青い _{あお}	푸르다, 파랗다

青 _{あお}	파란색, 파랑

△あお(い)、あお ▲せい、しょう

白 69	• 하얗다

白い _{しろ}	하얗다

| 白 | 하얀색 |
| しろ | |

△しろ(い)、しろ、しら ▲はく、びゃく

| 赤 | 70 • 빨갛다 |

| 赤い | 빨갛다 |
| あか | |

| 赤 | 빨간색, 빨강 |
| あか | |

△あか(い)、あか、あか(らむ)、あか(らめる) ▲せき、しゃく

| 黒 | 71 • 검다, 까맣다 |

| 黒い | 검다, 까맣다 |
| くろ | |

| 黒 | 검은색, 까만색, 까망 |
| くろ | |

△くろ(い)、くろ ▲こく

Lesson7

| 上 | • 위에, 보다 위에, ~의 위에 |
| | 72 • 올리다, 오르다 |

上	위
うえ	
上手な	능숙한, 숙련된
じょうず	
上着	상의
うわぎ	

△うえ、うわ、かみ、あ(げる)、あ(がる)、のぼ(る)、のぼ(せる)、のぼ(す) ▲じょう、しょう

| 下 | • 아래, 밑 |
| | 73 • 내리다, 낮추다 |

| 下 | 아래, 밑 |
| した | |

下手な	서투른
へた	
地下鉄	지하철
ちかてつ	
下着	속옷
したぎ	

地下	지하
ちか	
地下室	지하실
ちかしつ	

△した、しも、もと、さ(げる)、さ(がる)、くだ(る)、くだ(す)、くだ(さる)、お(ろす)、お(りる) ▲か、げ

| 父 | 74 • 아버지 |

父	아버지
ちち	
お父さん	아버지
とう	

△ちち ▲ふ

| 母 | 75 • 어머니 |

母	어머니
はは	
お母さん	어머니
かあ	

△はは ▲ぼ

| 子 | 76 • 어린이 (아이들) |

子ども	어린이
こ	
男の子	남자 아이
おとこ こ	
女の子	여자 아이
おんな こ	

△こ ▲し、す

| 手 | 77 • 손, 손바닥, 팔 |

手 손
て
手紙 편지
てがみ
切手 우표
きって
上手な 능숙한, 숙련된
じょうず
下手な 서투른
へた

右手 오른손
みぎて
左手 왼손
ひだりて
△て、た ▲しゅ

□好□ 78・좋아하다, 아주 좋아하다

好きな 좋아하는
す

大好きな 매우 좋아하는
だいす
△この(む)、す(く) ▲こう

□主□ 79・숙련자, 주인

主人 남편
しゅじん
ご主人 남편
しゅじん
△ぬし、おも ▲しゅ、す

□肉□ 80・고기

肉 고기
にく
▲にく

□魚□ 81・생선

魚 생선
さかな
△さかな、うお ▲ぎょ

□食□ 82・먹다

食べます 먹습니다
た
食べ物 음식
た もの
食堂 식당
しょくどう

食事 식사
しょくじ
△た(べる)、く(う)、く(らう) ▲しょく、じき

□飲□ 83・마시다

飲みます 마십니다
の
飲み物 음료수
の もの
△の(む) ▲いん

□物□ 84・물건, 물체 (구체적 사물)

物 물건, 물체
もの
食べ物 음식
た もの
飲み物 음료수, 마실 것
の もの
建物 건물
たてもの
着物 기모노
き もの
買い物 쇼핑
か もの
買い物します 쇼핑합니다
か もの
動物 동물
どうぶつ
△もの ▲ぶつ、もつ

Lesson 8

近 85	• 근처, 부근, 이웃 • 가깝다
近く ちか	근처, 가까이
近くの ちか	가까이의
近い ちか	가깝다

近道 ちかみち	지름길

△ちか(い)　▲きん

間 86	• 공간 (한 물체와 또 다른 물체 사이의 공간) • 시간의 지속
間 あいだ	사이
時間 じかん	시간
～時間 じかん	～시간
～時間半 じかんはん	～시간 반
～週間 しゅうかん	～주간

△あいだ、ま　▲かん、けん

右 87	• 우측, 오른쪽
右 みぎ	우측, 오른쪽

右手 みぎて	오른손
右足 みぎあし	오른발, 오른쪽 다리

△みぎ　▲う、ゆう

左 88	• 좌측, 왼쪽
左 ひだり	좌측, 왼쪽

左手 ひだりて	왼손
左足 ひだりあし	왼발, 왼쪽 다리

△ひだり　▲さ

外 89	• 밖 • 다른, 외국의
外 そと	밖
外国 がいこく	외국
外国人 がいこくじん	외국인
外国語 がいこくご	외국어

外来語 がいらいご	외래어

△そと、ほか、はず(す)、はず(れる)
▲がい、げ

男 90	• 남성, 남자
男の人 おとこ　ひと	남자
男の子 おとこ　こ	남자 아이

△おとこ　▲だん、なん

女 91	• 여성, 여자
女の人 おんな　ひと	여자
女の子 おんな　こ	여자 아이

△おんな、め　▲じょ、にょ、にょう

犬 92	• 개

犬　　　　개
いぬ
△いぬ　▲けん

見えます　보입니다(피동)
み
意見　　　의견
いけん
△み(る)、み(せる)、み(える)　▲けん

Lesson9

書 93 • 쓰다
• 쓰다 → 책

書きます　씁니다
か
書き方　　쓰는 법
か　かた
図書館　　도서관
としょかん
△か(く)　▲しょ

話 97 • 말하다, 이야기하다

話します　말합니다, 이야기 합니다
はな
話　　　　이야기
はなし
電話　　　전화
でんわ
電話します　전화합니다
でんわ

- -

会話　　　회화
かいわ
話し中　　통화중
はな　ちゅう
△はな(す)、はなし　▲わ

聞 94 • 듣다, 귀를 기울이다

聞きます　듣습니다
き
新聞　　　신문
しんぶん

- -

聞こえます　들립니다
き
△き(く)、き(こえる)　▲ぶん、もん

買 98 • 사다, 구입하다

買います　삽니다
か
買い物　　쇼핑
か　もの
買い物します　쇼핑합니다
か　もの
△か(う)　▲ばい

読 95 • 읽다

読みます　읽습니다
よ
読み方　　읽는 법
よ　かた
△よ(む)　▲どく、とく、とう

起 99 • 일어나다, 오르다, 깨다
• 올리다, 깨우다

起きます　일어납니다
お
△お(きる)、お(こす)、お(こる)　▲き

見 96 • 보다, 지켜보다

見ます　　봅니다
み
見せます　보입니다(사동)
み

- -

帰 100 • 돌아가다, 돌아오다

帰ります　돌아갑니다, 돌아옵니다
かえ

16—Lesson8／Lesson9

帰国します　귀국합니다
きこく
△かえ(る)、かえ(す)　▲き

| 友 | 101 • 친구 |

友達　친구
ともだち
△とも　▲ゆう

| 達 | 102 • 達는 사람에게 쓰는 복수 접미사이다. 그러나 友達 라는 단어에서는 그 기능을 잃는다. |

友達　친구
ともだち
▲たつ

Lesson10

| 茶 | 103 • 차 |

お茶　차
ちゃ

*紅茶　홍차
こうちゃ
*喫茶店　커피숍, 다방
きっさてん
▲ちゃ、さ

| 酒 | 104 • 술 |

お酒　술
さけ
△さけ、さか　▲しゅ

| 写 | 105 • 복사하다 (메모 / 지도 / 전화번호 / 등) • 사진을 찍다 |

写真　사진
しゃしん
△うつ(す)、うつ(る)　▲しゃ

| 真 | 106 • 진리, 진실 |

写真　사진
しゃしん
△ま　▲しん

| 紙 | 107 • 종이 |

紙　종이
かみ
手紙　편지
てがみ
△かみ　▲し

| 映 | 108 • 영사하다, 반사하다 |

映画　영화
えいが

映画館　영화관
えいがかん
△うつ(る)、うつ(す)、は(える)　▲えい

| 画 | 109 • 이미지, 그림 |

映画　영화
えいが

映画館　영화관
えいがかん
画家　화가
がか
▲が、かく

店 110 • 상점, 가게

店 상점, 가게
みせ

売店 매점
ばいてん

*喫茶店 커피숍, 다방
きっさてん

△みせ ▲てん

英 • 영국, 영어
111 • 눈부시다, 우수하다

英語 영어
えいご

▲えい

語 • 언어
112 • 말하다, 이야기하다

英語 영어
えいご

日本語 일본어
にほんご

中国語 중국어
ちゅうごくご

外国語 외국어
がいこくご

～語 ～어
ご

外来語 외래어
がいらいご

△かた(る)、かた(らう) ▲ご

Lesson11

送 113 • 보내다, 발송하다

送ります 보냅니다
おく

△おく(る) ▲そう

切 114 • 자르다

切ります 자릅니다
き

切手 우표
きって

親切な 친절한
しんせつ

大切な 중요한, 귀중한, 소중한
たいせつ

△き(る)、き(れる) ▲せつ、さい

貸 115 • 빌려주다

貸します 빌려줍니다
か

△か(す) ▲たい

借 116 • 빌리다

借ります 빌립니다
か

△か(りる) ▲しゃく

旅 117 • 여행, 여행하다

旅行 여행
りょこう

旅行します 여행합니다
りょこう

旅館 여관
りょかん

△たび ▲りょ

教 • 가르치다
118 • 말하다

教えます 가르칩니다
おし

教室 교실
きょうしつ

教会　　　교회
きょうかい

キリスト教　크리스트교
　　　　きょう

イスラム教　이슬람교
　　　　きょう

ヒンズー教　힌두교
　　　　きょう

*仏教　　　불교
ぶっきょう

△おし(える)、おそ(わる)　▲きょう

習 119 ・배우다 (무언가를 하는 기술)

習います　배웁니다 (테니스/
なら　　　골프/장기/등)

△なら(う)　▲しゅう

勉 120 ・열심히 일하다

勉強　　　공부
べんきょう

勉強します　공부합니다
べんきょう

▲べん

強 121 ・강하다, 단단하다

勉強　　　공부
べんきょう

勉強します　공부합니다
べんきょう

強い　　　강하다
つよ

△つよ(い)、つよ(まる)、つよ(める)、し(いる)　▲きょう、ごう

花 122 ・꽃

花　　　꽃
はな

花火　　　불꽃놀이
はなび

花見　　　꽃놀이
はなみ

△はな　▲か

Lesson12

歩 123 ・걷다

歩きます　걷습니다
ある

歩いて　　걸어서
ある

歩道　　　보도, 인도
ほどう

△ある(く)、あゆ(む)　▲ほ、ぶ、ふ

待 124 ・기다리다

待ちます　기다립니다
ま

△ま(つ)　▲たい

立 125 ・서다
　　　・수립하다

立ちます　섭니다
た

△た(つ)、た(てる)　▲りつ、りゅう

<~立>

国立大学　　국립 대학
こくりつだいがく

*私立大学　　사립 대학
しりつだいがく

国立病院　　국립 병원
こくりつびょういん

国立図書館　국립 도서관
こくりつとしょかん

| 止 | 126 • 서다, 멈추다
• 주차하다 |

止めます　세웁니다, 주차합니다
と

止まります　섭니다, 멈춥니다
と

△と(まる)、と(める)　▲し

| 雨 | 127 • 비 |

雨　　　　비
あめ

大雨　　　큰 비
おおあめ

△あめ、あま　▲う

| 入 | 128 • 들어가다
• 넣다, 삽입하다 |

入ります　들어갑니다
はい

入れます　넣습니다
い

入り口　　입구
い　ぐち

△はい(る)、い(れる)、い(る)　▲にゅう

| 出 | 129 • 나가다, 떠나다
• 꺼내다, 제출하다 |

出ます　　나옵니다
で

出します　꺼냅니다, 제출합니다
だ

出かけます　나갑니다, 외출합니다
で

出口　　　출구
で ぐち

△だ(す)、で(る)　▲しゅつ、すい

| 売 | 130 • 팔다 |

売ります　팝니다
う

売店　　　매점
ばいてん

△う(る)、う(れる)　▲ばい

| 使 | 131 • 사용하다, 이용하다 |

使います　사용합니다
つか

使い方　　사용법
つか　かた

大使館　　대사관
たい し かん

△つか(う)　▲し

| 作 | 132 • 만들다, 제조하다,
창작하다, 요리하다 |

作ります　만듭니다
つく

作家　　　작가
さっか

△つく(る)　▲さく、さ

Lesson13

| 明 | 133 • 밝다 |

明るい　　밝다
あか

△あか(るい)、あ(かり)、あか(るむ)、あか(らむ)、あき(らか)、あ(ける)、あ(く)、あ(くる)、あ(かす)　▲めい、みょう

| 暗 | 134 • 캄캄하다, 어둡다 |

暗い　　캄캄하다, 어둡다
くら
△くら(い)　▲あん

駅長　역장
えきちょう

広 135・넓다

広い　　넓다
ひろ
△ひろ(い)、ひろ(まる)、ひろ(める)、ひろ(がる)、ひろ(げる)　▲こう

短 139・짧다

短い　　짧다
みじか
△みじか(い)　▲たん

多 136・많다

多い　　많다
おお
△おお(い)　▲た

悪 140・나쁘다, 사악하다, 옳지 못하다, 해롭다

悪い　　나쁘다
わる
△わる(い)　▲あく、お

少 137・적다

少ない　　적다
すく
少し　　조금
すこ
△すこ(し)、すく(ない)　▲しょう

重 141・무겁다

重い　　무겁다
おも
△おも(い)、かさ(ねる)、かさ(なる)、え
▲じゅう、ちょう

長 138・길다
・지휘자, 우두머리

長い　　길다
なが
△なが(い)　▲ちょう

軽 142・가볍다, 편리하다

軽い　　가볍다
かる
△かる(い)、かろ(やか)　▲けい

＜～長＞

社長　　사장
しゃちょう
部長　　부장
ぶちょう
学長　　학장
がくちょう
校長　　교장
こうちょう

早 143・이르다

早い　　이르다
はや
早く　　일찍
はや
△はや(い)、はや(める)、はや(まる)
▲そう、さっ

Lesson 14

便 144 • 편리하다
• 우편, 우체통

便利な　편리한
べんり

*郵便*局　우체국
ゆうびん きょく

△たよ(り)　▲べん、びん

利 145 • 유리, 편의, 이익

便利な　편리한
べんり

△き(く)　▲り

元 146 • 원천, 본래

元気な　건강한
げんき

△もと　▲げん、がん

気 147 • 정신, 마음, 심리

元気な　건강한
げんき
病気　병, 병환
びょうき
病気の　병에 걸린, 병든
びょうき
電気　전기
でんき
天気　날씨
てんき
▲き、け

親 148 • 부모
• 가깝다, 친밀하다

親切な　친절한
しんせつ

親　부모
おや
*両親　부모
りょうしん

△おや、した(しい)、した(しむ)　▲しん

有 149 • 있다

有名な　유명한
ゆうめい

△あ(る)　▲ゆう、う

名 150 • 이름

名前　이름
なまえ
有名な　유명한
ゆうめい

△な　▲めい、みょう

地 151 • 땅, 지면

地下鉄　지하철
ちかてつ
地図　지도
ちず

地下　지하
ちか
地下室　지하실
ちかしつ
土地　토지
とち
地*価　땅 값
ちか
地*震　지진
じしん

▲ち、じ

鉄 152 • 철

地下鉄　지하철
ちかてつ

鉄　　　철
てつ
▲てつ

仕 153・일하다, 종사하다

仕事　　　일, 직업
しごと
△つか(える)　▲し、じ

事 154・일

仕事　　　일, 직업
しごと
△こと　▲じ、ず

<～事>
仕事　　　일, 직업
しごと
家事　　　집안일, 가사
かじ
火事　　　화재
かじ
食事　　　식사
しょくじ

Lesson15

東 155・동쪽

東　　　동쪽
ひがし
東京　　　도쿄
とうきょう

東ヨーロッパ　동유럽
ひがし
東南アジア　동남 아시아
とうなん
中東　　　중동
ちゅうとう

東北　　　동북
とうほく
△ひがし　▲とう

西 156・서쪽

西　　　서쪽
にし

西ヨーロッパ　서유럽
にし
△にし　▲せい、さい

南 157・남쪽

南　　　남쪽
みなみ

南アメリカ　남아메리카
みなみ
東南アジア　동남 아시아
とうなん
△みなみ　▲なん、な

北 158・북쪽

北　　　북쪽
きた

北アメリカ　북아메리카
きた
東北　　　동북
とうほく
北海道　　　북해도
ほっかいどう
△きた　▲ほく

<日本人の名前>
にほんじん　なまえ

山田	川田	本田	中田
やまだ	かわだ	ほんだ	なかだ
前田	上田	田中	田川
まえだ	うえだ	たなか	たがわ

Lesson14／Lesson15—23

田山 たやま	山川 やまかわ	山下 やました	山西 やまにし
中山 なかやま	西山 にしやま	中川 なかがわ	北川 きたがわ
西川 にしかわ	etc.		

入り口 입구
い ぐち
出口 출구
で ぐち
△くち ▲こう、く

京 159 • 수도

東京　　도쿄
とうきょう

- -

京*都　　교토
きょう と
▲きょう、けい

目 164 • 눈

目　　눈
め
△め、ま ▲もく、ぼく

夜 160 • 밤

夜　　밤
よる
△よる、よ ▲や

足 165
- 다리, 발
- 충분하다
- 더하다, 추가하다

足　　다리, 발
あし

- -

右足　　오른발, 오른쪽 다리
みぎあし
左足　　왼발, 왼쪽 다리
ひだりあし
足ります　충분합니다
た
△あし、た(りる)、た(る)、た(す) ▲そく

料 161
- 재료, 원료
- 요금

料理　　요리
りょう り
▲りょう

曜 166 • 曜는 曜日에만 쓰임

～曜日　　～요일
ようび
▲よう

理 162
- 이유
- 이론, 논리

料理　　요리, 음식
りょう り
▲り

Lesson16

降 167
- 내리다
- (사람) 내려 주다, (물건) 내려 놓다
- (비/눈/등) 내리다

降ります　내립니다
お

口 163
- 입
- 입구, 출구

口　　입
くち

| 降 | 降ります　내립니다, 옵니다
ふ

降ろします　내려 놓습니다
お

△お(りる)、お(ろす)、ふ(る)　▲こう

| 思 | 168 • 생각하다, 곰곰이 생각하다, 추측하다

思います　생각합니다
おも

△おも(う)　▲し

| 寝 | 169 • 자다

寝ます　잡니다
ね

△ね(る)、ね(かす)　▲しん

| 終 | 170 • 끝나다, 마치다

終わります　끝납니다, 마칩니다
お

△お(わる)、お(える)　▲しゅう

| 言 | 171 • 말하다, 이야기하다

言います　말합니다, 이야기 합니다
い

△い(う)、こと　▲げん、ごん

| 知 | 172 • 알다, 지식이 있다

知っています　알고 있습니다
し

知りません　모릅니다
し

△し(る)　▲ち

| 同 | 173 • 같다, 똑같다

同じ　　같은
おな

△おな(じ)　▲どう

| 漢 | 174 • 중국 (한 왕조)

漢字　　한자
かんじ

▲かん

| 字 | 175 • 글자, 서체

漢字　　한자
かんじ

ローマ字　로마자
じ

字　　　글자
じ

△あざ　▲じ

| 方 | 176 • 방향
• 사람 (존경)

あの方　저 분
かた

使い方　사용법
つか　かた

読み方　읽는 법
よ　かた

書き方　쓰는 법
か　かた

〜方　　〜 법
かた

〜の方　〜 방향, 〜 쪽
ほう

*夕方　저녁
ゆうがた

△かた　▲ほう

Lesson 16—25

```
<～方>
～の読み方（よみかた）  ～의 읽는 법
～の書き方（かきかた）  ～의 쓰는 법
～の使い方（つかいかた）  ～의 사용법
～の作り方（つくりかた）  ～의 만드는 법
教え方（おしえかた）  가르치는 법
考え方（かんがえかた）  사고방식
見方（みかた）  보는 법
```

Lesson17

図 177・표, 도형, 그림

図書館（としょかん） 도서관
地図（ちず） 지도
△はか(る)　▲ず、と

館 178・큰 건물, 집

図書館（としょかん） 도서관
大使館（たいしかん） 대사관

映画館（えいがかん） 영화관
旅館（りょかん） 여관
▲かん

銀 179・은

銀行（ぎんこう） 은행

銀行員（ぎんこういん） 은행원

銀（ぎん） 은
▲ぎん

町 180・읍, 도시

町（まち） 읍, 도시
△まち　▲ちょう

住 181・살다

住んでいます（す） 살고 있습니다
△す(む)、す(まう)　▲じゅう

度 182・회, 번 / 온도, 각도

一度（いちど） 한 번
一度も（いちど） 한번도

～度（ど） ～회, ～번, ～도
＊温度（おんど） 온도
△たび　▲ど、と、たく

服 183・옷

服（ふく） 옷
▲ふく

着 184・입다 / 도착하다

Lesson18

着ます　　입습니다
き
着物　　　기모노
きもの
上着　　　상의
うわぎ
下着　　　속옷, 내의
したぎ
着きます　도착합니다
つ

着せます　입힙니다
き
△き(る)、き(せる)、つ(く)、つ(ける)
▲ちゃく、じゃく

音 185 • 소리

音楽　　　음악
おんがく
音　　　　소리
おと
△おと、ね　▲おん、いん

楽 186
• 즐기다, 기쁘다, 유쾌하다, 기분이 좋다
• 힘들지 않다, 쉽다

音楽　　　음악
おんがく
楽しい　　즐거운, 유쾌한
たの

楽な　　　편한
らく
△たの(しい)、たの(しむ)　▲がく、らく

持 187
• 가지다, 소유하다
• 들다, 잡다, 쥐다

持ちます　　듭니다
も
持っています　가지고 있습니다
も
△も(つ)　▲じ

春 188 • 봄

春　　　　봄
はる
春休み　　봄방학
はるやす
△はる　▲しゅん

夏 189 • 여름

夏　　　　여름
なつ
夏休み　　여름방학
なつやす
△なつ　▲か、げ

秋 190 • 가을

秋　　　　가을
あき
△あき　▲しゅう

冬 191 • 겨울

冬　　　　겨울
ふゆ
冬休み　　겨울방학
ふゆやす
△ふゆ　▲とう

道 192 • 거리, 길, 도로

道　　　　거리, 길, 도로
みち

水道　　　수도
すいどう
北海道　　북해도
ほっかいどう

歩道　　보도, 인도
ほどう
近道　　지름길
ちかみち
△みち　▲どう、とう

堂 193・홀, 크고 넓은 방

食堂　　식당
しょくどう
▲どう

建 194・짓다, 세우다

建物　　건물
たてもの
△た(てる)、た(つ)　▲けん、こん

病 195・병, 질병, 질환

病院　　병원
びょういん
病気　　병, 질병, 질환
びょうき
病気の　병에 걸린, 병든
びょうき
- - - - - - - - - - - - - - - - - - - -
病室　　병실
びょうしつ
△や(む)、やまい　▲びょう、へい

院 196・조직, 시설

病院　　병원
びょういん
▲いん

体 197・몸

体　　　몸
からだ
△からだ　▲たい、てい

運 198・운반하다
　　　재산, 운, 운명

運転　　운전
うんてん
運転します　운전합니다
うんてん
- - - - - - - - - - - - - - - - - - - -
運　　　재산, 운, 운명
うん
△はこ(ぶ)　▲うん

乗 199・타다, 운전하다

乗ります　탑니다
の
△の(る)、の(せる)　▲じょう

Lesson19

家 200・집

家　　　집
いえ
家内　　아내, 처
かない
家族　　가족
かぞく
- - - - - - - - - - - - - - - - - - - -
画家　　화가
がか
作家　　작가
さっか
△いえ、や　▲か、け

内 201・내부, 안

家内　　아내, 처
かない

国内の　　국내의
こくない
△うち　▲ない、だい

| 族 | 202 | • 친족, 가족, 종족, 민족, 인종, 그룹 |

家族　　가족
かぞく
▲ぞく

| 兄 | 203 | • 형, 형님 |

兄　　　형, 형님
あに
お兄さん　형, 형님
にい
兄弟　　형제
きょうだい
△あに　▲けい、きょう

| 弟 | 204 | • 남동생 |

弟　　　남동생
おとうと
弟さん　남동생
おとうと
兄弟　　형제
きょうだい
△おとうと　▲てい、だい、で

| 奥 | 205 | • 깊숙한 곳 |

奥さん　부인
おく

奥　　　깊숙한 곳
おく
△おく　▲おう

| 姉 | 206 | • 언니, 누나 |

姉　　　언니, 누나
あね
お姉さん　언니, 누나
ねえ
△あね　▲し

| 妹 | 207 | • 여동생 |

妹　　　여동생
いもうと
妹さん　여동생
いもうと
△いもうと　▲まい

| 海 | 208 | • 바다, 대양 |

海　　　바다
うみ

北海道　　북해도
ほっかいどう
△うみ　▲かい

| 計 | 209 | • 계획, 설계
• 측정, 측량 |

時計　　시계
とけい

計画　　계획
けいかく
△はか(る)、はか(らう)　▲けい

Lesson20

| 部 | 210 | • 부, 부문 |

部屋　　방
へや
▲ぶ

| 屋 | 211 • 상점, 가게 |

部屋	방
へや	
本屋	서점
ほんや	
～屋	～상점, ～가게
や	

△や ▲おく

<～屋>

パン屋	제과점
や	
本屋	서점
ほんや	
花屋	꽃집, 꽃가게
はなや	
肉屋	정육점
にくや	
魚屋	생선 가게
さかなや	
電気屋	전파사
でんきや	
自転車屋	자전거포
じてんしゃや	
酒屋	술가게
さかや	

| 室 | 212 • 방 |

| 教室 | 교실 |
| きょうしつ | |

| 病室 | 병실 |
| びょうしつ | |

△むろ ▲しつ

| 窓 | 213 • 창 |

| 窓 | 창 |
| まど | |

△まど ▲そう

| 開 | 214 • 열다 |

| 開けます | 엽니다 |
| あ | |

| 開きます | 열립니다 |
| あ | |

△ひら(く)、ひら(ける)、あ(く)、あ(ける)
▲かい

| 閉 | 215 • 닫다 |

| 閉めます | 닫습니다 |
| し | |

| 閉まります | 닫힙니다 |
| し | |

△と(じる)、と(ざす)、し(める)、し(まる)
▲へい

| 歌 | 216 • 노래하다, 노래 |

歌	노래
うた	
歌います	노래합니다
うた	

△うた(う)、うた ▲か

| 意 | 217 • 마음, 의향, 의미, 뜻 |

| 意味 | 의미, 뜻 |
| いみ | |

| 意見 | 의견 |
| いけん | |

▲い

| 味 | 218 • 맛 |

| 意味 | 의미, 뜻 |
| いみ | |

△あじ、あじ(わう)　▲み

天 219 • 하늘, 창공

天気　　날씨
てんき
△あめ、あま　▲てん

考 220 • 생각하다, 깊이 생각하다, 숙고하다

考えます　생각합니다
かんが
△かんが(える)　▲こう

학습 한자어 색인

[あ]

あいだ　間86
あ(います)　会28
あお(い)　青68
あか(い)　赤70
あか(るい)　明133
あき　秋190
あ(けます)　開214
あさ　朝38
あさ(ごはん)　朝38
あし　足165
あたら(しい)　新66
あに　兄203
あね　姉206
(あの)かた　方176
(あの)ひと　人36
あめ　雨127
ある(いて)　歩123
ある(きます)　歩123
い(います)　言171
いえ　家200
い(きます)　行50
いしゃ　医31 者32
いち　一11
いちど　一11 度182
いちど(も)　一11 度182
いちにち　一11 日1

いつか　五15 日1
いつ(つ)　五15
いぬ　犬92
いま　今37
いみ　意217 味218
いもうと　妹207
いもうと(さん)　妹207
い(れます)　入128
うえ　上72
うご(きます)　動61
うし(ろ)　後46
うた　歌216
うた(います)　歌216
う(まれます)　生26
うみ　海208
う(ります)　売130
うわぎ　上72 着184
うんてん　運198 転60
うんてん(します)　運198 転60
えいが　映108 画109
えいご　英111 語112
えき　駅56
～えき　～駅56
～えん　～円24
おお(い)　多136
おお(きい)　大64
(お)かあ(さん)　母75

（お）かね　金6
お（きます）　起99
おく（さん）　奥205
おく（ります）　送113
（お）さけ　酒104
おし（えます）　教118
（お）ちゃ　茶103
（お）とう（さん）　父74
おと　音185
おとうと　弟204
おとうと（さん）　弟204
おとこ（の）ひと　男90 人36
おとこ（の）こ　男90 子76
おな（じ）　同173
（お）にい（さん）　兄203
（お）ねえ（さん）　姉206
おも（い）　重141
おも（います）　思168
お（ります）　降167
お（わります）　終170
おんがく　音185 楽186
おんな（の）こ　女91 子76
おんな（の）ひと　女91 人36

[か]

がいこく　外89 国35
がいこくご　外89 国35 語112
がいこくじん　外89 国35 人36
かいしゃ　会28 社29

かいしゃいん　会28 社29 員30
か（います）　買98
か（い）もの　買98 物84
か（い）もの（します）　買98 物84
かえ（ります）　帰100
か（き）かた　書93 方176
か（きます）　書93
がくせい　学25 生26
（〜か）げつ　月2
か（します）　貸115
かぞく　家200 族202
〜かた　〜方176
〜がつ　〜月2
がっこう　学25 校52
かない　家200 内201
かみ　紙107
かようび　火3 曜166 日1
からだ　体197
か（ります）　借116
かる（い）　軽142
かわ　川9
かんが（えます）　考220
かんじ　漢174 字175
き　木5
き（きます）　聞94
きた　北158
きって　切114 手77
き（ます）　来51
き（ます）　着184

きもの　着184 物84
きゅう/く　九19
きょう　今37 日1
きょうしつ　教118 室212
きょうだい　兄203 弟204
きょねん　去54 年55
き(ります)　切114
ぎんこう　銀179 行50
ぎんこういん　銀179 行50 員30
きんようび　金6 曜166 日1
くち　口163
くに　国35
くるま　車58
くら(い)　暗134
くろ(い)　黒71
けさ　今37 朝38
げつようび　月2 曜166 日1
げんき(な)　元146 気147
ご　五15
〜ご　〜語112
こうこう　高62 校52
こうこうせい　高62 校52 生26
ごご　午44 後46
ここのか　九19 日1
ここの(つ)　九19
(ご)しゅじん　主79 人36
ごぜん　午44 前45
ことし　今37 年55
こ(ども)　子76

こんげつ　今37 月2
こんしゅう　今37 週53
こんばん　今37 晩40

[さ]

さかな　魚81
さん　三13
し/よん　四14
〜じ　〜時41
じかん　時41 間86
〜じかん　〜時41 間86
〜じかんはん　〜時41 間86 半43
しごと　仕153 事154
した　下73
したぎ　下73 着184
しち／なな　七17
し(っています)　知172
じてんしゃ　自59 転60 車58
じどうしゃ　自59 動61 車58
〜じはん　〜時41 半43
じぶん(で)　自59 分42
し(めます)　閉215
しゃしん　写105 真106
じゅう　十20
〜しゅうかん　〜週53 間86
しゅじん　主79 人36
しょうがくせい　小65 学25 生26
しょうがっこう　小65 学25 校52
じょうず(な)　上72 手77

しょくどう 食82 堂193
し(りません) 知172
しろ(い) 白69
～じん ～人36
しんせつ(な) 親148 切114
しんぶん 新66 聞94
すいようび 水4 曜166 日1
す(きな) 好78
すく(ない) 少137
すこ(し) 少137
す(んでいます) 住181
せん 千22
せんげつ 先27 月2
せんしゅう 先27 週53
せんせい 先27 生26
そと 外89

[た]

だいがく 大64 学25
だいがくせい 大64 学25 生26
たいしかん 大64 使131 館178
たか(い) 高62
たか(い) 高62
だ(します) 出129
たてもの 建194 物84
た(ちます) 立125
たなか 田10 中34
たの(しい) 楽186
た(べます) 食82

た(べ)もの 食82 物84
ちい(さい) 小65
ちか(い) 近85
ちか(く) 近85
ちか(くの) 近85
ちかてつ 地151 下73 鉄152
ちず 地151 図177
ちち 父74
ちゅうがくせい 中34 学25 生26
ちゅうがっこう 中34 学25 校52
ちゅうごく 中34 国35
ちゅうごくご 中34 国35 語112
ちゅうごくじん 中34 国35 人36
ついたち 一11 日1
つか(い)かた 使131 方176
つか(います) 使131
つ(きます) 着184
つく(ります) 作132
つよ(い) 強121
て 手77
で(かけます) 出129
てがみ 手77 紙107
で(ます) 出129
てんき 天219 気147
でんき 電57 気147
でんしゃ 電57 車58
でんわ 電57 話97
でんわ(します) 電57 話97
とうきょう 東155 京159

どうぶつ　動61 物84
とお　十20
とおか　十20 日1
ときどき　時41 々
とけい　時41 計209
としょかん　図177 書93 館178
と(めます)　止126
ともだち　友101 達102
どようび　土7 曜166 日1

[な]

なか　中34
なが(い)　長138
なかがわ　中34 川9
なつ　夏189
なつやす(み)　夏189 休47
なな(つ)　七17
なに/なん　何49
なのか　七17 日1
なまえ　名150 前45
なら(います)　習119
なん〜　何49〜
に　二12
にく　肉80
にし　西156
〜にち　〜日1
にちようび　日1 曜166 日1
にほん　日1 本33
にほんご　日1 本33 語112

にほんじん　日1 本33 人36
〜にん　〜人36
ね(ます)　寝169
〜ねん　〜年55
の(みます)　飲83
の(み)もの　飲83 物84
の(ります)　乗199

[は]

はい(ります)　入128
はち　八18
はつか　二12 十20 日1
はな　花122
はなし　話97
はな(します)　話97
はは　母75
はや(い)　早143
はや(く)　早143
はる　春188
はるやす(み)　春188 休47
ばん　晩40
ばん(ごはん)　晩40
ひがし　東155
ひだり　左88
ひと　人36
ひと(つ)　一11
ひとり　一11 人36
ひゃく　百21
びょういん　病195 院196

びょうき　病195 気147
びょうき(の)　病195 気147
ひる　昼39
ひる(ごはん)　昼39
ひるやす(み)　昼39 休47
ひろ(い)　広135
ふく　服183
ふた(つ)　二12
ふたり　二12 人36
ふつか　二12 日1
ふゆ　冬191
ふゆやす(み)　冬191 休47
ふ(ります)　降167
ふる(い)　古67
〜ふん　〜分42
へた(な)　下73 手77
へや　部210 屋211
べんきょう　勉120 強121
べんきょう(します)　勉120 強121
べんり(な)　便144 利145
ほん　本33
ほんや　本33 屋211

[ま]

まいあさ　毎48 朝38
まいしゅう　毎48 週53
まいつき　毎48 月2
まいとし/まいねん　毎48 年55
まいにち　毎48 日1
まいばん　毎48 晩40

まえ　前45
まち　町180
ま(ちます)　待124
まど　窓213
まん　万23
みぎ　右87
みじか(い)　短139
みず　水4
みせ　店110
み(せます)　見96
みち　道192
みっか　三13 日1
みっ(つ)　三13
みなみ　南157
み(ます)　見96
むいか　六16 日1
むっ(つ)　六16
め　目164
もくようび　木5 曜166 日1
も(ちます)　持187
も(っています)　持187
もの　物84

[や]

〜や　〜屋211
やす(い)　安63
やす(み)　休47
〜やす(み)　〜休47
やす(みます)　休47
やっ(つ)　八18
やま　山8

やまかわ　山8 川9
やまだ　山8 田10
ゆうめい(な)　有149 名150
ようか　八18 日1
〜ようび　〜曜166 日1
よっか　四14 日1
よっ(つ)　四14
よ(み)かた　読95 方176
よ(みます)　読95
よる　夜160

【ら】

らいげつ　来51 月2
らいしゅう　来51 週53
らいねん　来51 年55
りょうり　料161 理162
りょこう　旅117 行50
りょこう(します)　旅117 行50
ろく　六16

【わ】

わる(い)　悪140

(350 words)